U0952412

神奇的符号

——易学学者孔令伟精解《周易》系列之一

孔令伟　编著

经济日报出版社

图书在版编目（CIP）数据

神奇的符号／孔令伟著．－－北京：经济日报出版社，2015.3（2015.10重印）

（孔令伟精解《周易》系列；1）

ISBN 978－7－80257－785－5

Ⅰ．①神… Ⅱ．①孔… Ⅲ．①《周易》－研究 Ⅳ．①B221.5

中国版本图书馆 CIP 数据核字（2015）第 044880 号

神奇的符号

作　者	孔令伟
责任编辑	陈礼滟
责任校对	崔旋子
出版发行	经济日报出版社
社　址	北京市西城区右安门内大街 65 号
邮政编码	100054
电　话	编辑部 63543168　发行部 010－63516959
网　址	www.edpbook.com.cn
E－mail	edpbook@126.com
经　销	全国新华书店
印　刷	北京鑫瑞兴印刷有限公司
开　本	889×1194 毫米　1/32
印　张	8
字　数	111 千字
版　次	2015 年 7 月第一版
印　次	2015年10月第二次印刷
书　号	ISBN 978－7－80257－785－5
定　价	28.00 元

版权所有　盗版必究　印装有误　负责调换

作者前言

英国著名评论家海斯利特曾说："低估自己者，必为别人所低估。"

我出生在苏北微山湖畔的一座小城，划船、打渔、游泳是当地小孩子的最爱。但因为孔家一脉单传，只有我这么一个宝贝孙子，所以家里不允许我和其他的小孩们下湖去玩水，而是每天用一把"铁将军"把我牢牢地反锁在房间里。一个贪玩的被反锁在屋子里的小男孩百无聊赖，只好在屋里搜罗自娱自乐的东西。

我家是诗书传家，家中的古籍存有两大箱，足足有200本。《大学》《论语》《中庸》……一本本、一册册旧得发黄的老古董，被我老爷爷宝贝似地收着。那时实在闷得慌的我对这些古书发生了浓厚的兴趣，现在看来，我就是从这个时候开始，开启了注定我今后一生的国学之旅。

幸好，爷爷从小就教会我识字。慢慢地，在不知不觉中我把经、史、子、集来回翻看，甚至连《周易》《奇门遁甲》等完全看不懂的书，也一知半解被我统统翻阅过很多遍。原本是为了摆脱寂寞和孤独，却没想到看过之后竟然入了迷，那些天书似的文字，把我带进了一个奇幻的世界，竟然一发不可收。

起初我并不能很好地理解那些典籍的深刻含义，但这反而让我对那些书产生了兴趣并上了瘾。等年纪稍大的时候，即使屋子的大门没有锁，我也不愿意出门，而是如饥似渴地继续去读那些似懂非懂的古书。

几年下来，大约在我十一二岁的时候，家中的藏书中，有很多我已经能熟练地背诵下来。背书能大量吸收书面语言的信息，掌握和积累书面语言的语感。日积月累的熏陶和输入，总有厚积薄发的时候，正所谓“熟读唐诗三百首，不会吟诗也会吟”，“读书破万卷，下笔如有神”。当年我翻阅、背诵下来的那些旷世经典、圣人之道，为我今天深入研究国学奠定了扎实的基础。

等到上小学三年级的时候，我已经开始看《周易》，虽然依旧是看不懂，但我会把《周易》的很多符号比如太极八卦、阴阳符号等用笔画着玩，直到后来我已经把《周易》差不多都能背下来了。再后来我开始练习用《周易》推演事情的发展，起初是应用《周易》的算法，估计一下大体什么时候有雾有水或者涨潮，还有下雨什么的。当时还不懂天气预报，只觉得能预测到这些天气变化非常好玩。直到家里有了电视，才知道这其实就叫“天气预报”。

现在回头去看，从小我与国学尤其是《周易》结下的不解之缘，看似是偶然的，实在是偶然中的必然。

现在，我在继续深入研究《周易》的同时，还开班授课，以“技高德馨，质朴宽怀，行善积德，虔度有缘；乾坤国学，造福四方，桃李天下，功德无边”为理念，广结善缘，为那些喜爱国学尤其是易学的学员们，讲解易学中的制胜之道、帝王之学。

目前我的学员，大都是来自企业的精英，他们在事业上摸爬滚打、久经历练了很多年，成了企业掌门人，但仍旧会在不同的时段遇到经营以及生活中各种各样的难题，他们希望通过学习国学经典，获得独立掌握破解各种问题的方法。这使我很感慨，也使我更进一步看到自己从事这项事业的积极意义和因此带来的社会价值。

人生在世，谁也不可能是一帆风顺而不遭遇曲折坎坷的。在这样的现实面前，我们除了保持积极上进的人生态度，还需要增强分析自己、家庭和企业面临的现实处境，以及研判未来的能力，及解决各种问题的能力。

2014 年 5 月 4 日，习近平总书记赴北大考察，召集北大师生座谈，做了《青年要自觉践行社会主义核心价值观》的讲话。讲话援引古今，出入六经四部，辞气恳切，洒洒万言，赢得了广大师生和社会各界一致的赞誉。特别是他说到的“天行健，君子以自强不息”，就是出自《易·乾》，意谓要努力向上，永不停息。

因此，只要我们永不停息地努力学习，积极

求索，就一定能走出一条开拓进取、完善自己、造福社会的人生道路。

孔令伟

2015 年 3 月

目　录

绪　论

现在一提到《易经》，有人就联想到那些跑江湖的、算命的、看风水的、卜卦的江湖术士。这种看法表示我们对于自己的文化认识是不够的。今天我们开始研究《易经》，所要走的路线是基础讲解，因为大部分人以前还没有接触过，所以我们在这里先要使大家知道怎样去读《易经》这部古代经典，先从怎样去认识它、了解它开始。至于深入的研究，有人研究了一辈子，也还没有搞清楚的，所在多有，包括我在内，研究了大半辈子，还跟一个初学的人差不多。实际上，讲这门学问，我自己都是战战兢兢的，觉得自己非常肤浅，没有办法向大家报告，不过有一点点可以提供给大家的，只是一块敲门砖而已。

现在我们先说古人对《易经》的重视。《礼记》的《五经解》这篇文章中，提到《易经》这门学问时说："洁静精微，易之教也。"据说这是孔子整理《易经》以后所作的结论，对《易经》的评语。"清静精微"这四个字，看起来很简单，但它的含义却是很广。"洁静"包括了宗教的、哲学的含义，就是说学了《易经》这一门学问，他的思想、情绪的变动，是非常清洁而宁静的。"精微"二字则是科学的含义，所以学《易》的人，要头脑非常冷静。

但是在《五经解》中，对《易经》也有反面的批评，怎么说呢？它说《易经》的流弊是："其失也，贼。"就是一个"贼"字。学了《易经》的人，如不走正路，走旁门左道，就贼头贼脑、鬼头鬼脑，如果再把上知大文、卜知地埋那一套，当作鹅毛扇，就可能扇起别人来造反。这是我们自己文化中对《易经》最中肯的评论，一个"贼"字的断语下得非常妙。

历史上汉朝的王凤、唐代的虞世南（唐太宗的宰相，创业时的"秘长"），他私密的好朋友推崇《易经》说："不读《易》不可为将相。"不学《易经》的人，不能作一个很好的宰相，亦不能作一个很好的大将，推崇《易经》有如此的重要。

我们知道了这些以后，至少可以鼓励自己，对于老祖宗留下来的这部经典，到底画的是些什么名堂，非要弄个清楚不可。譬如有人认为房子对面有一个什么煞，就到街上买一个卦回来，在门口一挂，好像就可以保险了，这中间究竟有什么作用？有没有这种作用？自己也是不甚了解。

一、三易

易学的重要有如此，我们该怎样去研究它呢？大家经常看到的《易经集注》，只是中国《易经》学问的一部分。这本名《周易》，是周文王在羑里坐牢的时候，他研究《易经》所作的结论。中国儒家的文化，道家的文化，一切中国的文化，都是从文王著作了这本《易经》以后，开始发展下来的。所以诸子百家之说，都渊源于这本，都渊源于《易经》所画的这几个卦。事实上还有两种《易经》，一种叫《连山易》，一种叫《归藏易》，加上我们今天能看到的《周易》，总称为“三易”。

关于“三易”，易学界普遍认为，《连山易》《归藏易》《周易》分别形成于夏、商、周三代，其中《连山易》最早，《周易》最晚。郑玄、贾公彦这两位学者的观点是：《连山易》取象于流云从连绵不绝的大山深处飘来，因此以上艮下艮的纯艮卦为第一卦，艮为山，一座座山连在一起称为连山。而《归藏易》以纯坤为首卦，坤象征着地，万物莫不归藏于大地之巾，因此名为归藏。而《周易》则是要表达易道包罗万象、无所不备的意思。

《连山易》是神农时代的《易》，所画卦的位置，和《周易》的卦位置是不一样的。黄帝时代的《易》为《归藏易》。《连山易》以艮卦开始，《归藏易》以坤卦开始，到了《周易》则以乾卦开始，这是三易的不同之处。说到这里，我们要有一个概念，现在的人讲《易经》，往往被这一本《周易》围住了，因为有人说《连山易》和《归藏易》已经遗失了、绝传了。事实上还有没有？这是一个大问题，其实现在中国人依然在讲的，如医药、堪舆，还有道家的一些东西，应该都是《连山》《归藏》两种易学的结合。

二、《易经》的原则

除《连山》《归藏》以外，《周易》这门学问中，有一个原则亦叫作“三易”，意思是说《易经》包括了三个大原则：一、变易；二、简易；三、不易。研究《易经》，先要了解这三大原则。

第一，所谓变易。是《易经》告诉我们，世界上的事，世界上的人，乃至宇宙万物，没有一样东西是不变的。在时、空当中，没有一事、一物、一情况、一思想是不变的，不可能不变，一定要变的。譬如我们坐在这里，第一秒钟坐下来的时候，已经在变了，立即第二秒钟的情况又不同了。时间不同，环境不同，情感亦不同，精神亦不同，万事万物，随时随地，都在变中，非变不可，没有不变的事物。所以学《易》先要知道“变”，有智慧的人，不但知变而且能适应这个变，这就是为什么不学易不能为将相的道理了。

由这一点，我们同时亦了解到印度佛学中的一个名词“无常”。渐渐的这个名词被一些人变成迷信，城隍庙里塑一个鬼，高高瘦瘦的，穿白袍，戴高帽，舌头吐得很长，名“白无常”，而说这个“无常鬼”来了，人就要死亡，这是迷信。实际上“无常”这名词，是一种佛理，意思是世界上没有一种东西能永恒存在，所以名为“无常”，这就是《易经》中变易的道理。《易经》讲的是原则，宇宙中的万事万物，没有不变的，非变不可，这是原则。印度人则是就现象而言，譬如看见一幢房子盖起来，这房子将来一定会倒，看见人生下来，也一定会病、会老、会死，这是看现象而名之为“无常”。

第二，简易。是指宇宙间万事万物，有许多是我们的智慧知识没有办法了解的。在这里产生了一个问题，也可以说是哲学上的一个对比，天地间“有其理无其事”的现象，那是我们的经验还不够，科学的实验还没有出现，“有其事不知其理”的，那是我们的智慧不够。换句话说，宇宙间的任何事物，有其事必有其理，有这样一件事，就一定有它的原理，只是我们的智慧不够、经验不足，找不出它的原理而已。而《易经》的简易也是最高的原则，宇宙间无论如何奥妙的事物，当我们的智慧够了，了解它以后，就变成为平凡，最平凡而且非常简单。我们看京剧里的诸葛亮，伸出几个手指，那么随便一掐，就知道过去、未来。有没有这个道理？有，有这个方法。古人懂了《易经》的法则以后，懂了宇宙事物以后，把卦的图案，排在指章上面，再加上时间的关系，空间的关系，把数学的公式排上去，就可以推算出事情来。这就是把复杂的道理，变得非常简化，所以叫作简易。那么，《易经》首先告诉我们宇宙间的事物随时都在变，尽管变的法则很复杂，在我们懂了原理、原则以后，就非常简单了。

第三，不易。是指万事万物随时随地都在变，可是却有一项永远不变的东西存在，就是能变出来万象的那个东西是不变的，那是永恒存在的。那个东西是什么呢？宗教家说它是“上帝”、是“神”、“主宰”、“佛”、“菩萨”。哲学家说它是“本体”，科学家说它是“功能”。不管它是什么名称，反正有这样一个东西，这个东西是不变的，这个能变万有、万物、万事的“它”是不变的。

这就是《易经》的三个原则。

三、理、象、数

懂了这三个原则以后，还有三个法则要懂得，这三个法则就是理、象、数。

这些基本法则要先记住，才能研究《易经》，现在先解释这三个字。

根据《易经》的观点看宇宙的万事万物，人生也好，情绪也好，思想也好都有它的法则和道理。以我们现代的观念而言，理是属于哲学的，宇宙间万事万物既都有它的理，也必有它的象；反过来说，宇宙间的任何一个现象，也一定有它的理，同时每个现象，又一定有它的数。譬如录音带，是录音用的，它能录音，其中有很多理，录音带的样子、大小以及它还会放出声音，就是它的象；这卷录音带，若干分钟可以录完，有若干长，若干宽，这就是它的数。万事万物都有它的理、它的象和它的数。

研究《易经》的学问，有些人以“理”去解释《易经》，有些人以“象”去解释《易经》，有些人以“数”去解释《易经》。古代的人掐指一算，万事皆知，那就是了解了易数的缘故。宇宙间万事万物都有它的数，这是必然的过程，譬如一个人们举起桌上的茶杯，左右摇摆，这就是一个象；而左右摇摆了多少度，多少秒钟摇摆一次，就有它的数；为什么要摇摆，就有它的理：这个人是为了使大家更具体了解《易经》理、象、数的道理所做的动作。所以《易经》每一卦、每一爻、每一点，都包含有理、象、数三种涵义在内。人处在世界上，与这个世界的关系，不停地在变，只要发生了变，便包含了它的理、象、数。人们如果懂了事物的理、象、数，就会知道这事物的变，到了一定的数，一定会变，为什么会变，有它的道理，完全明白了这些，就万事通达了。理、象、数通了，就能知变、通、达。

南怀瑾先生曾经说："最好不要去钻研《易》这门学问，如果钻进去了，会爬不出来。如果一定要学，也最好只学一半。如果真把《易经》学通了，做人就没有味道了。譬如要出门了，因为《易》学通了，知道这次出门会跌倒，于是不出门了，一步都懒得动了。像这样的人生，还有什么味道？何必去学？"

所以越学《易》越会觉得奥妙无穷，如黑夜

摸路，眼前迷迷茫茫蛮有趣的；天完全亮了走路，眼前有一个坑，会掉下去，看得清清楚楚，于是不走了。可见学通《易经》是非常难的一件事。

第一章
周易的内容与性质

一、《周易》释名

古代对“周易”一词的解释，众说纷纭，但归纳起来主要有二种：一种认为《周易》是周代占筮之书；一种认为《周易》是讲变化的书。英文中 The Book of Chang 的译文就是取此义。具体地说，“周”字，有二义：①指周普、普遍，即易道广大，无所不包。②指代号，即周朝，古代常称周朝的书为周书，如《周礼》《周语》等。“易”字也有二义：①是指变化，从文字学看，有说“易”字的构成是“日”、“月”。“易”上为“日”，下为“月”象征日月阴阳变化；有说

“易”的甲骨文象征将一器皿水（或酒）倒入另一器皿之中，以示变换、交易。从《周易》内容看，包含着变化的思想：如卦爻辞中，乾卦从初爻到上爻“龙”有“潜”“见”“飞”“亢”的变化，泰卦中大小、往来、平陂、往复的变化。行筮时运算而显示出数的变化，等等。《周易》中这种变化被注释《周易》的《易传》深刻地、明确地阐发出来。《易传》所谓的阴阳交感、天地变化的思想成为中国先秦辩证哲学中的精粹。故“易”有变化之义。②是指古代卜筮之书的代名词。按照古书记载，有《连山》《归藏》《周易》三部筮书称为“三易”，故“易”是筮书专有名词（见刘大钧《周易概论》P_{1-4}）。《周易》就是周代的卜筮之书。

一、《周易》书名辨异

春秋时，就有《周易》提法，在《春秋左传》这部史书当中，多次提到“周易”，但从当时人们运用的《周易》看，只包括六十四卦的卦画（符号）、卦爻辞。

战国时，以解释《周易》为宗旨的《易传》

成书。《周易》《易传》并称为《易》，如《庄子》所谓“易以道阴阳”、《荀子》所谓“善为易者不占”之“易”包含了《易传》。

西汉以降，汉武帝为了加强中央集权制，采纳了董仲舒“独尊儒术”的建议，把孔子儒家的著作称为“经”。《周易》和《易传》被称为《易经》，或直接称为《易》。自此以后，《周易》《易经》《易》混合使用，有称《周易》，有称《易经》，有称《易》，其实含义一致，均指六十四卦及《易传》，一直沿用到今天，仍然没有严格区分。有的学者为了区分《周易》经传之不同，称六十四卦及卦爻辞为《周易古经》，称孔子儒家注释《周易古经》的十篇著作为《周易大传》。

三、《周易》性质

《周易》到底是一部什么性质的书，学界长期以来存在分歧，有人主张《周易》是一部筮书，有人主张《周易》是一部历史书，也有人主张《周易》是一部哲学书等。

其实，《周易》性质问题是一个十分复杂的问题，不能以偏概全，应当客观地、历史地看待这个问题。在中国漫长的历史发展中，《周易》随着社会变迁，理论需求以及自身地位变化，其性质也有所不同。

一从《周易》产生以及早期应用看，《周易》是一部筮书。在中国早期的社会，由于生产力低下，科学不发达，先民们对于自然现象、社会现象，以及人自身的生理现象不能作出科学的解释，因而就产生了对神的崇拜，认为在事物背后有一个至高无上的帝和（或）神的存在，它支配着世界上的一切。当人们屡遭天灾人祸打击后，就萌发出借助于神意，预知这突如其来的横祸和自己的行为所带来的后果的欲望，以达到趋利避害的目的。基于此，他们在长期的实践中发明了种种沟通人神的预测方法，其中最能体现神意的《周易》就是在这种条件下产生的。故《周易》纯是满足当时人们生产和生活预测需要而产生。

《周易》产生后很长一段时间主要用于占筮，在《春秋左传》和《国语》中就记载了 22 个运用《周易》占筮的事例。如在《春秋左传》中记载了这样一个故事：齐棠公死，崔武子吊丧，看其遗孀美貌，想纳为妾，但心中没有底，故用

《周易》占了一卦，得“困”，有人根据爻辞“困于石，据于蒺藜，入于其宫不见其妻，凶”断定，此女人不可娶，而崔武子不相信，认为一个无夫之妇有何害，若有害早已让先夫带走。故娶之为妾。我们可以看到在春秋时期，《周易》主要用于筮占，为人们行为提供指南。

二从《易传》对《周易》解说看，《易传》注重《周易》的筮占功能，反复强调学好《周易》可以知死生之说、幽明之故、鬼神之情，可以断天下之疑、通天下之志、成天下之务，并且明确地告诉人们《周易》是使人们顺从天意，立于不败之地的法宝。“是故君子居则观其象而玩其辞，动则观其变而玩其占，是以自天佑之，吉无不利”。同时，在《易经》中包含了比较完整的《周易》筮占的方法——大衍筮法。

由此可以看到，在《周易》产生后很长一段时间，主要功能是筮占，为人们提供行动的准则。

但是，到了汉以后，《周易》的性质有所变化，它一方面还是保留了原有占筮的性质，并且也得到了充分的发展。易学家们克服了大衍筮法的种种局限，创立了比较完备的新筮法。焦延寿作《易林》创立焦氏筮法。其弟子京房则更胜其老师一筹，对筮法进行了彻底变革，创立了纳甲法。因而在汉代筮法趋向完备。另一方面，《周易》也有了新的功能，因为《周易》中包含了深刻的人生哲理，尤其经过《易传》解释和发挥，其哲理化程度达到新的高度，《周易》遂成为一部博大精深的哲学典籍。也正是这个原因，《周易》得到了汉代统治者的青睐，由原来卜筮之书，而成为官方安邦治国、修身养性的哲学之书，被称为五经之首，大道之源。《周易》思想渗透到当时社会生活的各个领域，变成了统治者治国的理论根据。自此以后《周易》包含了二重性，一方面在历代统治者加封之下，其理论指导作用日益显露和光大；另一方面，民间术士不断更新，完善筮法体系。一直到今天，《周易》二重性还是十分明显。

四、《周易》成书时代及作者

按照传统的说法，《周易》成书是“人更三圣，世历三古”。也就是《周易》成书经历了上古、中古、下古三个时代（即所谓“三古”），是由伏羲、文王、孔子三个圣人完成的（即所谓人更三圣）。

伏羲，又名宓羲、包牺、庖牺等，是中国神话中的人类始祖。传说人类由他和女娲兄妹相婚而产生。又说他教民织网狩猎，并发明了八卦。根据许多学者研究考证，他是原始社会中的部落首领。从考古出土文物看，伏羲像多是人头蛇身，这可能是后人对自己祖先加以崇拜的结果，是一种图腾崇拜。

文王，周族首领，姬姓，名昌。商朝末年，纣王残暴，不断遭到人民反对，而作为商统治之下的周国在文王治理之下日益强大，文王也大得民心。这就构成了对商的威胁。在此条件之下，商王纣将文王囚禁在羑里（河南汤阴县内），文王在遭难之时而演出六十四卦和卦爻辞，故史书称文王作《周易》。

孔子，是春秋时鲁国（山东曲阜）人，是著名的思想家、教育家，儒家创始人，曾作过鲁国司寇，一生不得志，主要致力于教育，并对流传下来的古代文献加以整理，按照史书说法，《易传》是他晚年创作。

根据“人更三圣，世历三古”的说法，《周易》不是一个时代，一个人的作品，这一说法是正确的。但也有许多问题，如伏羲画八卦只是一种传说，没有更多的实物去证明它，同时也没有更多的证据去反驳这一论断。而关于文王重八卦、作卦爻辞的说法，也有问题。因为在《周易》卦爻辞中记载了文王以后的史实，如有的学者认为“箕子之明夷”、“康侯用锡马蕃庶”等辞反映了文王以后的史实，由此卦爻辞不是文王所作。也有人认为重卦也不是文王，如王弼认为伏羲重卦，郑玄认为神农重卦，孙盛认为夏禹重卦。

关于《易传》的作者，传统说法是孔子作《易传》，但是，在《易传》中有“子曰”之称，“子曰”在古代是指学生对老师尊称，孔子不可能称自己为“子曰”。现在，大多学者认为，它成书于战国时代，作者不是孔子，是孔子之后学者作品，但体现了孔子的精神，反映了孔子儒家的思想，可能有许多话是孔子传授《易》时所说。孔子的弟子或再传弟子根据孔子讲《易》时的记录，加以整理、补充、润色而编纂成《易传》。

五、《周易》古经结构内容

（一）《周易》古经分篇

《周易》古经分为上、下两篇，上篇 30 卦，下篇 34 卦，共 64 卦，每一卦 6 爻，共 384 爻。

（二）卦的构成

什么叫作卦？古人解释："卦者挂也。"等于没有解释。实际上是说，卦就是挂起来的现象，卦就是告诉我们宇宙之间有个东西，这个东西的现象挂出来，就是卦。这个宇宙就是一本《易经》，宇宙的现象都挂在那里，现在我们先了解它的原理。

1. 卦符构成

《周易》每一卦有六爻，即六个符号组成，六个符号由两部分组成，即上卦和下卦，上卦和下卦分别取八卦中的某一卦。何为八卦？八卦指乾、震、坤、巽、坎、离、艮、兑。为了记住这八卦的符号，古人总结了顺口溜：

乾三连　坤六断　震仰盂　艮覆碗

离中虚　坎中满　兑上缺　巽下断

八卦结构图

乾三连　　坤三断　　离中虚　　坎中满

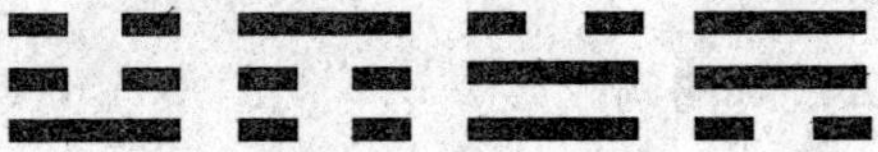

震仰盂　　艮覆碗　　兑上缺　　巽下断

八卦符号两两相重，构成了《周易》六十四（8×8=64）卦卦画。为了区分八卦之卦和六十四卦之卦，古人称八卦为“经卦”，称六十四卦为“别卦”。因此，任意两个经卦相重叠可以得一别卦，即六十四别卦是由八经卦相重而成。故从卦画看，一别卦由两经卦组成：居下部分称内卦（又称下卦），另一部称外卦（又称上卦）。

由于八卦相重成六十四卦，故往往用八卦卦象称呼六十四别卦。八卦最基本的象是八种自然物：

乾为天、坤为地、震为雷、巽为风、艮为山、兑为泽、坎为水、离为火。

第一个乾卦代表天，我们仰头一看，天总是在上面，到了太空倒转头来，头上还是天，天一定在头顶的。

坤卦是地，人类是地球的文化，地总是踩在脚底下，这个地的现象挂在那里。

这两个符号，代表了时间、空间、宇宙。在这个天地以内，有两个大东西，一个是太阳，一个是月亮，像球一样，不断在转，所以

离卦代表太阳；

坎卦代表月亮。

这两个东西不停地旋转于天地之间，于是有四个卦挂出来了，还有两个卦是雷、风。

震卦代表雷，我们以现代科学的知识和观念，来说明我们自己老祖宗的文化，他们认为宇宙间有这种动能，电震动了就是雷，一震动以后，对面变成气流了，就是风。

巽卦代表风，亦即是气流，气流震动得太厉害，一摩擦又发电，又转回来了，就是“雷风相薄”，这是雷风两个卦。

还有两个卦是：

艮卦代表高山、陆地；

兑卦代表海洋、河流。

在宇宙间，除了这个大现象以外，再找不出第九样大的东西了，这只说大的，不说小的，如说小的，西装亦一卦，灰尘亦一卦，那就多得很，不能再讲了。大的现象只有八个，没有九个，亦不能七个，只有八卦，而且都是对立的。可是这个现象，变化起来就大极了，是无穷的，不能穷尽的数字，变化当然也是无穷无尽的。

现在看伏羲卦方位图。这个卦图以前是不用的，在唐宋以前没有看见过，在宋以后才出现这个图。过去研究《易经》，只研究《周易》，研究的人多构成自己的图案，到宋朝以后，宋版的《易经》始用这里的图案，变化就从这里来的。其次，我们懂了"卦者挂也"的道理以后，再来看《易经》的卦，不必那么严重，但亦不简单，要轻松地去看。

下面再说两个概念："先天卦"和"后天卦"。伏羲卦方位图又名"先天卦"，文王卦方位图又名"后天卦"。

什么叫"先天"？以哲学的观点说，宇宙万物没有形成以前，即是所谓的先天，有了宇宙万物，那就是后天了。换言之，我这个人，在母亲未生我以前，是我的先天，生了我以后，就是我这个人的后天。在娘胎里是先天，离开了娘胎是后天，这是先天、后天的观念。先天、后天这两个名词，只是一种代号的作用，以逻辑来说，这只是一种界说，用以划分出阶段范围而已。

伏羲的“先天卦”，画在纸上是平面的，看起来好像毫无道理。假如有一种仪器，使其立体化，就更容易表现出它的精神了，现在写在纸上的，只不过是一种符号。譬如现在的乾卦☰是这样的三横，但在古代却并不一定是这样画的。所以大家不要把卦看得那么呆板严重，好像说门口挂上卦，把鬼都可以赶跑，那是我们人的伟大，不是卦的伟大。不过到现在，对于卦的符号，我们已经确定下来了。

字是写的，卦是画的，所以我们叫作画卦。人类原始的时候没有文字，中国的原始文字都是图画，像“鸟”字，原来就画成一只鸟的样子，日、月、山、水、舟、车、虫、鱼都是这样，可知中国文字的起源就是图画。卦的图案，每个卦都有三画，我们称为三画卦，卦中的画叫“爻”。

为什么叫“爻”？“爻者，交也。”为什么“爻”就是交？这是说明卦在告诉我们，宇宙间万事万物，时时都在交流，不停地发生关系，引起变化，所以叫作“爻”。

乾卦的三爻，每一爻都是完整的，这完整的一爻叫作“阳爻”。一画在中间断裂的，叫作阴爻，两个是平行相对的。

三个阳爻，完整的三画，为乾卦，代表天。三个阴爻，断裂的三画，为坤卦，代表地。在人来说，乾卦代表男人，坤卦代表女人，以一只手来说，手背是乾，手心是坤。由此可知，这只是一种不定的代号，也是一种数理的符号，这种符号可以有很多方面的用法。

卦的图案，乾卦代表天在上，坤卦代表地在下，画出来就是前面伏羲的先天图，它的方位，和现代我们所用地图，上为北方、下为南方的情形，恰恰相反。卦的方位，上面是南方，下面则是北方。两者不同各有它的道理存在。

再提出来一个卦来看一下，这个卦下面是阳爻，上面也是阳爻，中间一画是阴爻，这是离卦，代表太阳，位置在东方。离卦这样画，实际上古人已经看到，太阳中间有一个黑点，外面两爻是阳爻，中间是阴爻，光明的，看得见的是阳，看不见的是阴，所以这是代表太阳，叫离卦，亦代表火，代表光明。

离卦的对方是，下面是阴爻，中间是阳爻，上面是阴爻，卦名叫坎，代表月亮，这现象表现太阳在东方挂起来了，月亮挂到西方去了。太阳、月亮绕着南北磁场之间一条无形的线在转，以现代的科学来说，古人太不科学了，太阳、月亮怎么是绕地球转的？但是古人站在地球上看太阳、月亮的出没，的确是这种现象，古人把眼见的现象，用卦这样简单地表现出来，不能说不科学。以地球为本位，当然是太阳跟着地球转，以太阳为本位则自然是地球绕它转了，各个立场不同，并没有错，是很科学的。现在我们假定把时间和环境拉回到3000年以前，就可以了解古人是很科学的了。再往前看，在100年以后的人，来看我们现在这个时代的人，也同样是很不科学、很落伍的。

这个坎卦，代表月亮，也代表水。

现在，乾、坤、离、坎四个大卦，挂在那里

大家都看得见的，就是天、地、日、月四个大象。

还有下面一爻是阳爻，上面两爻是阴爻的卦，名为震。“震为雷”，它代表的是雷电、动能，以现代的观念来说，宇宙间有一种动能，而动能最大的现象就是雷电，在卦图上，它的位置放在东北角上。

下面一爻是阴爻，上面两爻是阳爻，恰和震卦的阴阳爻相对，这个卦名是巽，代表宇宙的气，代表风。

仔细再看这两个卦的卦象，震卦正是一种震动的现象，打雷了，雷电震动以后，阳变为阴，阴变为阳，就变成气流了。这两个卦的位置相对，名为“对宫卦”，一般人去算命，算命先生说这命是哪一宫。一般人听到“宫”字，就联想到宫殿，想到自己是皇帝、皇后了。实在不是这个意思，古人说的“宫”，就是位置、方位。震卦的对宫卦就是巽卦，宇宙的雷电一震动，就发生大气流，大气流摩擦，又发生雷电，这两个不断地在互相变化。

另外在图的西北角上，下面两爻是阴爻，上面一爻是阳爻，形成艮卦，代表山，它的对宫卦下面两爻是阳爻，上面一爻是阴爻，名兑卦，又叫作泽，代表海洋、江河。这是先天卦图的基本观念。

其次要注意的，是先天卦图的“数”，乃依据卦排列的秩序产生的。“数”在《易经》里是很奇妙的，人们在遇到不如意的事之后，往往认为这些事的发生，是有定数的。我们知道，在世界科学史上，天文和数学，都是以我们中国的为最古老，当时我们已经进步到归纳的数理，现代西方的数学，都是向外演绎的，越算方法越多。中国的文化是讲归纳的，就是把很多的公式、方法，一个一个慢慢归纳起来，最后只归纳到十个数，而且方法非常简单，只是加与减，“加减”就哲学的观点而言，宇宙的万物，不是增加，就是减少，没有第三个现象。现在这个先天卦图的数字排法是：乾一、兑二、离三、震四、巽五、坎六、艮七、坤八。这个数字，如果连接起来，它的顺序方向是一条线自正南乾起，走向东南兑，而东方离，而最后至东北震，这是顺。另一条线，是起自西南的巽卦，而走向西方的坎，而西北的艮，终于正北的坤，这是逆。九在中央。这个先天卦的数要背诵得滚瓜烂熟，以后研究易数，随时随地都用得着，这是要特别注意的。

这个大卦，是古人告诉我们，天地间就是这个大现象在变化，这些图案都是相对的，如乾卦三条完整的⚊代表完全的阳，而对面三条中间断裂的⚋坤卦，代表完全的阴，两卦的现象是相对的，坎、离是相对的，震与巽、艮与兑都是阴阳相对的。举物理的例子来说，桌子上的这个毛巾、碟子，大家所看得见的，一个圆的盘子，黄色的毛巾，第一个原因是我们每人的感受，尽管眼睛有近视、老或散光，而感受是一样的；第二个原因，物体形状、颜色的不同，拿到物理实验室去分析，只是构成物体原子的排列不同，而呈现了形状、颜色等等的不同。如构成钻石的原子，是和构成煤的原子一样，只不过是原子的排列不同，于是就分别构成了钻石与煤，这是现代科学帮助了我们对物质的了解，而我们的老祖宗早已了解这个道理，组合排列不同，现象亦变了，作用亦变了，数字亦变了，效果亦变了。由此亦可了解人事的法则，譬如讲领导学，同样三个人一组，甲当组长，乙丙当组员，改为乙当组长，甲丙当组员，那么领导的方法就变了，作用亦变了，效率亦变了，这同样是这个道理，组合排列一有变化，整个事物都会变。我们今天看到美国总统领导的政府又换了人，他的组合排列变了，他这个卦又要动了。所以古人说："善易者不言卜。"通了《易经》的人，不必算卦，一看现象，就了然了。在后来发展到一种"梅易数"，听别人的声音，一句话，就知道了问卜的结果，这种卜卦的方法，就是根据问卜的时间、空间，当时环境、景物，问卜者的身份以及所问的事情等等因素，以《易经》的数理推算结果出来，没有什么稀奇。

现在，就先天卦，除掉乾、坤、坎、离四个卦，我们不去管它，看另外四个卦：

艮卦，图案就是高山，下面两爻是阴爻，上面是阳爻，画成线条，就是高山。地球开始形成，原来是一大块浓浆，渐渐冷却，凝固起来就是高山，下面平地，再下去就是海洋，阴的上面是阳爻，成凸出的高山。

相反的，地球的下面是海洋，海洋下面的海底又是石块为阳，就是兑卦，和高山相对的，这和震、巽两卦相对，雷电的震动产生气流，气流的摩擦产生雷电的道理一样。

这个图案，就叫作“先天卦”，亦叫作“伏羲卦”，因为我们的老祖宗伏羲，在黄帝、神农以前，伏羲还不是最早的老祖宗，以前还有天皇氏、地皇氏、人皇氏，慢慢才到伏羲，照我们旧观念的说法，我们的历史文化，到现在已经是两百多万年。现在的公历纪年，是根据西方文化来说的，或说中国文化三千年、五千年，都是跟着西方人说的，是我们的谦虚。所以伏羲并不是我们最老的老祖宗，只是代表我们卦的文化，是从他开始。

现在我们把中国的地形图放在前面，那就更妙了。当时画卦，是以我们中国为本位，试依艮、兑、震、巽四个卦的位置看，艮卦在西北，而我国西北高原是高山，艮卦是代表山，由艮卦一直下来，到东南是兑卦，而我国的东南，正是海洋。西南是巽卦，代表风。这个卦的图案，代表了宇宙的一切现象，平面的现象，代表了中国的地形，因为这是以中国为本位的。因此，根据“万物一太极”的道理，如果是在南半球使用罗盘，应该把罗盘的南北向倒过来用。有人试过，效果是令人满意的。

这是“先天卦”，亦即“伏羲卦”图案的大概，接下来说说“后天卦”，即是“文王卦”的方位。

“后天卦”的卦，还是乾、坤、离、坎、震、艮撰、兑八卦，可是图案上摆的位置完全不同了。周文王的卦，为什么卦的方位要作这样的摆法，这要特别注意。可以说“先天卦”等于是表明宇宙形成的那个大现象，“后天卦”是说明宇宙以内的变化和运用的法则。

后天卦的位置，坎卦在北方，离卦在南方，震卦在东方，震卦对面的西方是兑卦，东南是巽卦，东北是艮卦，西南是坤卦，西北是乾卦。

有人把这个后天卦，放到左手上，排的位置是这样的：无名指的根章上放乾卦，中指的根章上放坎卦，食指的根章放艮卦，食指的中章放震卦，食指的尖章放龚卦，中指的尖章放离卦，无名指的尖章放坤卦，无名指的中章放兑卦。

于是得到了一幅手掌图，谁能说我们不科学？能把如此一个大宇宙的法则，放在几个手指上搬来搬去，太科学了！可见说卦不科学的人，一定是不科学的人，一定没有学好科学；真的学好了科学的人，看它都很合乎科学方法。古人在卦的运用上，不用电脑，就能用这个方法算出来，多简便，能说不科学吗？

记住了这个手指上的后天卦，要注意同时记住几个数字，记忆的方法，可以用下面四句歌词，更容易记住："一数坎兮二数坤，三震四巽数中分，五寄中宫六乾是，七兑八艮九离门。"这四句歌词不但容易学，容易熟记，尤其容易运用了。

数是科学的东西，其中的道理非常多，不要轻视它。我们即使不管卦，以这个数字排列的现象，以这个法则来领导人事、管理人事、处理家务，这是运用它的道理，不是迷信。

为了记住六十四卦卦象，以两个经卦卦象称呼一别卦。如天地否即看成由天地组成的卦画称为否卦。天山遁可看成由天山组成的卦画可称为遁卦。古人把六十四卦卦象编成顺口溜：

乾为天、天风姤、天山遁、天地否、风地观、山地剥、火地晋、火天大有；

坎为水、水泽节、水雷屯、水火既济、泽火革、雷火丰、地火明夷、地水师；

艮为山、山火贲、山天大畜、山泽损、火泽睽、天泽履、风泽中孚、风山渐；

震为雷、雷地豫、雷水解、雷风恒、地风升、水风井、泽风大过、泽雷随；

巽为风、风天小畜、风火家人、风雷益、天雷无妄、火雷噬嗑、山雷颐、山风蛊；

离为火、火山旅、火风鼎、火水未济、山水蒙、风水涣、天水讼、天火同人；

坤为地、地雷复、地泽临、地天泰、雷天大壮、泽天夬、水天需、水地比；

兑为泽、泽水困、泽地萃、泽山咸、水山蹇、地山谦、雷山小过、雷泽归妹。

2.《周易》每一卦的组成

《周易》中每一卦除了卦画（符号）外，还有卦名、卦爻辞，按照先后次序，《周易》每一卦有四部分组成。

卦画（卦的符号），即六条符号组成。

卦名，所在卦画后面的叫卦名，如乾，乾就是卦名，卦名是对卦画最简要的说明，它是这个卦的主题。如乾这个卦画六个符号皆为阳，故乾有刚健之义。

卦辞，在卦名后面有一段文字，这段文字叫卦辞，卦辞是对一卦六爻总的说明。如乾后面有“元亨利贞”四个字，此就为乾卦卦辞。咸卦后面有“亨利贞，取女吉”的文辞，此为咸卦卦辞。

爻辞，一卦共六爻，即由六个符号组成，每爻都有一个意思，表达这个意思的文辞叫做爻辞。一卦有六爻，故共有六条爻辞。在卦辞下，六条爻辞有“九”、“六”作为爻题，阳爻称九，阴爻称六。一卦六爻自下而上，若为阳爻依次为初九、九二、九三、九四、九五、上九；若为阴爻依次为初六、六二、六三、六四、六五、上六。

（三）卦爻辞的结构

《周易》卦爻辞，可以分为四大类：

1. 记事之辞

所谓记事之辞，是指记载古代故事的语句，而吉凶休吉也就体现于故事的内容中。如旅卦上九爻辞云：“鸟焚其巢，旅人先笑后号咷；丧牛于易，凶。”说的是殷之先祖王亥在有易国被杀。失去牛羊的故事，这是一件不吉利的事。

2. 取象之辞

所谓取象之辞，是指那些通过一定事物的性质、变化、状态等来比拟人事、指示人事吉凶的词句。如大过卦九二爻辞云：“枯杨生稊，老夫得其女妻。无不利。”

3. 说事之辞

所谓说事之辞，是指那些通过直接叙说某人的行为、事迹，以表示吉凶的词句。如乾卦九三云：“君子终日乾乾，夕惕若，厉无咎。”

4. 断占之辞

所谓断占之辞，是指论断吉凶祸福的词句。

《周易》卦爻辞断语常用辞及含义：

吉（善，福祥）

利（顺利，适合）

吝（很难）

厉（危险）

悔（悔恨，穷困）

咎（灾患）

凶（祸殃，大的灾难）

（四）卦序

1. 六十四卦的来源

《易》的象、数，该如何开始学起？大家要先把卦、六十四卦默诵熟了，不过这很困难，但是每天如果能够抽出 10～15 分钟，坐在公共汽车上背诵，三个星期就默诵熟了。一般文章，论也好，述也好，句句有道理，还容易默诵；卦的乾三连、坤六断、震仰盂、艮覆碗、离中虚、坎中满、兑上缺、巽下断，这个卦，是韵文，也还易默诵。至于六十四卦，确实就难了。不过六十四卦次序的排列，是有一定的道理的，是由每一卦变出了八卦，八卦变成六十四卦，如乾卦的变：

乾为天，乾是卦名，接下来天风女后，为什么接下来就是天风女后？

像这个三乾卦，从下数到上，有三爻，名三爻卦，这是先天卦的画法，是伏羲画的卦，亦是中国有文字的开始。这个图案，是中国文字的始源，亦是中国文化思想的来源。后来人类社会越发展，人事越复杂，三爻卦已经不够用，就变成了六爻卦，如䷀乾为天，便是六爻卦。现在的卜卦者所卜的卦，就是六爻卦。后天卦统统是六爻的图案，这六爻卦是很精细的，亦是很科学的。

为什么要用六爻？因为一直到现代的科学时代为止，宇宙间的事情，没有超过六个阶段的。一切的变，只能变到第六个阶段，第七个变是另外一个局面开始。以现代科学证明，物理上、化学上、电子、原子的变，都是六个阶段。到今天为止，把全世界的文化集中起来，亦没有超过这个范围，所以后天只用六爻变，这是现代的解释。

古代的解释，孔子在《易传》中说六爻的道理是：“六爻之动，三极之道也。”什么是“三极”？就是天地人三才。人文化中是人就有男有女，亦即有阳有阴，三才有阴阳相对，三二就得六，这是孔夫子的心得，几千年来，没有脱离他的范围。

还有要注意的，画卦是从下面画起，不像写字是从上面写起，如是既济卦，第一爻是阳爻，第二爻是阴爻，第三爻是阳爻，第四爻是阴爻，第五爻是阳爻，第六爻是阴爻，这样一路往上画的。学《易经》是学哲学，亦是学科学。哲学家、科学家对每一件事都问："为什么？"那《易经》的卦为什么要这样画？第一个道理，天下的事情发生变动，都是从下面开始变，换言之是从基层变起；第二个道理，《易经》的卦，原来只是三爻，后来变成六爻，名称上就有了分别：下面三爻的卦为内卦，上面三爻的卦为外卦，内外两卦连起来的。自下面开始画卦，亦说明了宇宙事物的变，是内在开始变，如人的变，是内在的思想先变，一个公司机构出问题，必然是内部先出了问题，亦是我们中国人说的："物必自腐，然后虫生。"一切东西都是从内变开始，所以画卦是由下往上，由内而外。

弄清楚这些道理，再默诵时，一方面想到这个道理，一方面默诵，就容易了。

2. 六十四卦排列的顺序

为了记忆，古人编了一首卦序歌：

乾坤屯蒙需讼师，比小畜兮履泰否，同人大

有谦豫随，蛊临观兮噬嗑贲，剥复无妄大畜颐，大过坎离三十备。咸恒遁兮及大壮，晋与明夷家人睽，蹇解损益夬姤萃，升困井革鼎震继，艮渐归妹丰旅巽，兑涣节兮中孚至，小过既济兼未济，是为下经三十四。

《周易》六十四卦的排列，有着内在的根据，按照古人说法，这种排列反映了世界产生、发展、变化的过程，以乾坤为首，象征着世界万物开始于天地阴阳，乾为阳，为天；坤为阴，为地。乾坤之后为屯、蒙，屯、蒙，象征着事物刚刚开始，处于蒙昧时期。……上经终于坎、离，坎为月，离为日，有光明之义，象征万物万事活生生地呈现出来。下经以咸恒为始，象征天地生成万物之后，出现人、家庭、社会，咸为交感之义。指男女交感，进行婚配。恒，恒久，指夫妇白头到老。社会形成以后，充满矛盾，一直到最后为既济、未济。既济，指成功，完成。未济表示事物发展无穷无尽，没有终止。《周易》作者力图使《周易》六十四卦排列符合世界进化过程。

3. 六十四卦卦画排列的特点

唐人孔颖达曾用“二二相偶，非覆即变”来概括六十四卦卦画排列的特点。

所谓“二二相偶”，是指《周易》六十四卦两两为对，共32对，如乾、坤为一对，屯、蒙为一对。所谓“非覆即变”，是指《周易》32对每一对的卦画不是颠倒，就是相反。覆，颠倒；变，相反，如（屯）倒置为（蒙），（需）倒置为（讼），这是覆。（乾）与（坤）相反，乾6爻全为阳爻，坤6爻全为阴爻，（颐）与（大过）相反，颐上下为阳爻中间4爻为阴爻，大过上、下为阴爻，而中间4爻为阳爻，二者卦画完全相反，这就是变。

《周易》六十四卦32对，有28对为“覆”，有4对为“变”，即除了乾坤、颐大过、坎离、中孚小过变卦外，其他32对皆为覆卦。

六、爻及含义

（一）爻含有三才之道

“—”为阳爻，“－－”为阴爻。每3爻合成一卦，可得八卦；两卦（6爻）相重则得64卦，称为别卦。爻含有交错和变化之意。

八卦由3爻组成，3爻象征着天、地、人即“三才”，其中下爻代表地，中爻代表人，上爻代表天。

六十四卦是由八卦相重而成，故六十四卦中也含有三才之道。一卦6爻，初、二爻为地，三、四爻为人，五、上爻为天。

（二）爻所处位置代表事物不同阶段

初爻：代表事物开始；

二爻：代表事物崭露头角；

三爻：代表事物大成；

四爻：代表事物进入更高层次；

五爻：代表事物成功；

上爻：代表事物终极。

如乾卦比较典型：

乾卦初九：潜龙（潜藏的龙，以示事物刚开始）；

九二：见龙在田（龙出现在田野，比喻事物崭露头角）；

九三：君子终日乾乾（事物小成，防骄，故小心谨慎）；

九四：或跃在渊（进人更高层次，新旧更替，故迷惑在渊中）；

九五：飞龙在天（龙飞在天空，大有作为，以示事物成功）；

上九：亢龙（龙飞过高，代表事物终极）。

（三）爻所处位置代表人的身体不同的部分

初爻：代表脚趾（因脚趾在最下）；

二爻：代表小腿；

三爻：代表腰（三爻居中，腰也居中）；

四爻：代表上身；

五爻：代表脸；

上爻：头；

咸卦、艮卦比较典型。以艮卦为例：

初六：艮其趾；

六二：艮其腓（小腿肚子）；

九三：艮其限（腰）；

六四：艮其身；

六五：艮其辅（面颊）；

上九：敦艮（敦，头）。

（四）爻所处的位置代表社会不同等级

按照汉人对《周易》的注释，情况如下：

初爻在下，代表民；

二爻居中，代表君子、卿大夫；

三爻在二爻之上，代表诸侯；

四爻近五，为近臣；

五爻在上居中，为天子；

上爻在最上，为宗庙（或太上皇）。

（五）爻所处的位置代表不同性质事类

一般说来，二爻、五爻居中，以示行中之道（即不偏不倚，不过无不及，古人称为大德），故多荣誉，多有功绩。也就是说，《周易》二、五两爻辞多是吉利的。

三爻居内卦之上，过中。故多凶险。四爻近五爻，五爻为天子，故近天子之人，多恐惧，即所谓伴君如伴虎。初爻代表事未成，上爻以示事已过。

（六）爻位

爻所居的位置叫爻位。爻位有一定的规律：初为阳位，二为阴位，三为阳位，四为阴位，五为阳位，上为阴位，即奇为阳位，偶为阴位，初、三、五为阳位，二、四、上为阴位。在《周易》中，阴阳位与阴阳爻并非一一对应，即阴爻并非居阴位，阳爻亦并非居阳位。而多为阴阳杂居，如阳居阴位，阴居阳位，故《周易》中有当位、不当位（或得位、失位）问题。一般说来，阳居阳位，阴居阴位为当位。阳居阴位，阴居阳位为失位。在《周易》六十四卦中，全当位者为既济卦，全失位者为未济卦。

七、《易传》

《周易大传》，或称《易传》，因共十篇，又称“十翼”。传，有解说之义。在古代，凡解说、阐发经典著作意义的书和文字，皆可称为“传”。如《春秋左氏传》，是左丘明为《春秋》所作的注释。《诗经毛传》是毛亨为《诗经》所作的注释。翼，本指鸟虫之翅膀，此是指《周易》不可缺少的，与《周易》相辅相成的，注释解说《周易》的著作。

《易传》十篇指：《彖》上、下，《象》上、下，《文言》，《系辞》上、下，《说卦》，《序卦》，《杂卦》。

《彖传》又称《彖辞》、《彖辞传》。《彖传》是解释卦义的，不涉及爻义。解释卦义包括解释卦名、卦象、卦辞。

《象传》又称《象辞》、《象辞传》。《象传》是解释卦象、爻象的。解释卦象的为《大象传》，解释爻象的为《小象传》。

《文言传》又称《文言》，是对乾坤二卦的解释，其他六十二卦则没有《文言传》因为乾、坤二卦为纯阳、纯阴卦，为易之门户，故特意加以文饰——“文饰乾、坤两卦之言”。

《文言传》在对乾、坤二卦的卦爻辞进行逐字、逐句或重点词语的解释基础上，注重发挥卦爻辞的大义。

《系辞传》又称《系辞》，分为上、下篇。是对《易经》的通论。不仅总论占筮大义，而且诠释卦爻辞的观念，阐发《易经》的基本原理。将《易经》由一部占筮著作提升为哲学著作，是《易传》哲理思想的代表。

《说卦传》是阐说八卦取象大例的专论。

《序卦传》亦称《序卦》，解说《易经》六十四卦的排列次序。

以前后两卦为一组，用十分简约的语言指出各卦的大义。一般以卦名立说（除乾、坤、咸三卦外），采用取象或取义的方法。《序卦》分上、下两篇，上篇从乾坤开始，至坎、离止；下篇从咸、恒开始，止于既、未济。

《杂卦传》又称《杂卦》。说明六十四卦之间的错杂关系。

如前所述，《易传》成书于战国时代，是儒家后学者的作品，其中包含了许多孔子的思想，但并不是孔子亲自创作。

（一）《易传》的贡献

《易传》是现存最早、最系统的注释《周易》的著作。它的成书对《周易》产生了很大的影响，它是学习、研究《周易》的必读之书。总观《易传》十篇内容。其贡献在于：

（1）从抽象意义上对《周易》作了注释，即将《周易》的64卦384爻上升到理论高度进行概括说明和解释。《周易》古经本为占问之用，其理论水平很低，而《易传》对《周易》所作的解释却非常深刻。如《易传》从宇宙宏观角度探讨《周易》起源，它认为《周易》是古代圣人仰观俯察，对大自然进行模拟、效法的结果，因而《周易》中八卦及六十四卦体现了天地阴阳变化的规律。经过这样一解说，使《周易》理论变得博大精深。在注释《周易》卦爻辞时联系卦爻画注释，《周易》卦爻辞多是记录和叙述某一件事和某一现象。而《易传》把具体的卦爻辞上升到抽象的阴阳关系，从卦的含义及爻所处的位置进行解释，从理论水平看，远远超过《周易》古经。

（2）《易传》从整体上对《周易》六十四卦加以排列和说解，揭示了卦与卦之间、卦象与卦辞之间、爻象与爻辞之间、卦与爻之间的内在联系，使《周易》六十四卦由原来散乱不堪，变成了一个有机的，具有一定逻辑性的相互联系的统一体。

（3）《易传》发挥了儒家伦理传统，从社会、人生道德角度注释《周易》，使《周易》变成一部道德修养的书。《周易》作为占筮之书，本无伦理之说教，但由于《易传》把儒家道德思想广泛引进《周易》中，使《周易》性质有所变化，使《周易》既具有占筮功能，又有教人修心养性的功能，也就是说，学习《周易》既可以预测吉凶福祸，也可以提高个人修养，净化个人灵魂。所以战国时期著名思想家荀子曾经说过："善为《易》者不占。"也说明了这个问题。这告诉我们，真正精通《周易》的人不去占卜，而是用于道德修养（荀子是儒家），当然"不占"，也包含它可以占，在荀子看来学好《周易》可以占卜，也可以修心养性，而主要在后者。

（4）《易传》对《周易》的体例（如卦象、

爻象、爻位等）作了详细说明，而且还保留了中国古代原始的古筮方法——大衍筮法，在《易传》产生之前的春秋时代，虽然用《周易》占问非常盛行，如在《春秋左氏传》、《国语》中有20多例，但对《周易》体例、筮法都没有说明，而《易传》在这一方面作了说明。这对我们研究《周易》体例、筮法的起源有很大意义，可以这样说，若没有《易传》，至今我们不知古代《周易》体例和占筮的方法。

（二）《易大传》的内容

1.《彖传》（或称《彖》）

彖，即材，通“裁”，有裁断之义。裁断一卦之义的文辞，叫彖辞。彖辞也叫卦辞。对彖辞（卦辞）的解释称为“彖传”。《易传》以“彖”作篇名，实指“彖传”。《彖传》共64条，按照六十四卦分为上、下经的分法，《彖传》分为上、下，即《彖传》上，《彖传》下。《彖传》专释《周易》卦辞，其方法如下：

（1）以八卦之象释卦辞。八卦最基本的象是八种自然物：乾代表天，坤代表地，震代表雷，巽代表风，坎代表水，离代表火，艮代表山，兑代表泽。以八卦之象解释卦名卦辞。如《泰·彖》即《彖》释《泰》曰："天地交而万物通，上下交而其志同也。"所谓天地交，是指泰卦上坤下乾，坤为地，乾为天，天本在上，而今在下，地本在下，而今在上，以示天阳之气下降，入地气之中，地阴之气上升而入天气之中，二气交感，故有"天地交"之义。由于阴阳二气交感，万物生生不已，故为通达，即是"万物通"。所谓上下交，为地阴本在下而今在上，故有上下交感之义，就社会而言，乾象征君，坤象征民众，在泰卦，君在下，众在上，以示君民上下交感，志向相通。自然界的阴阳二气交感，万物通达生长；社会中君臣上下交感，志向一致，故天下泰平和谐，因而称此卦为《泰》卦。泰。就是泰平，通达。

（2）取义理释卦辞。八卦皆含有义理，如乾为刚，坤为柔，震为动，巽为入为风，坎为险，离为丽，艮为止，兑为说（悦）。《彖传》以八卦所含义理释卦辞，如《讼·彖》，即《彖》释

《讼》曰："上刚下险，险而健，讼"。所谓上刚下险，是指《讼》上乾下坎，乾为刚在上，坎为险在下，故有"上刚下险"。所谓险而健，是指《讼》内卦坎为险，外卦乾为刚，刚即健，故称"险而健"。因此卦乾阳刚健在上，坎水阴险在下，上下争讼，故为讼卦。

(3) 取爻位说释卦辞。所谓爻位说，是指爻所处的位置。它主要有这样几方面内容：中位、乘位、得位、失位、应位。《彖传》以爻位说释卦辞，如：

A. 以中位说释之：

《蒙·彖》："初筮告，以刚中也。"所谓以刚中，是释"初筮告"，蒙卦有九二爻为阳爻，并居内卦中位，故称"刚中"。

B. 以得位、应位释之：

《小畜·彖》："柔得位而上下应之。"小畜一阴五阳，六四爻以阴居阴位，故称"柔得位"，五阳爻分居六四上、下，故称"上下应"。

C. 以乘释之：

《彖传》所谓乘，是指阴爻居阳爻之上。乘，有乘凌之义。《彖传》以乘释卦辞，如《夬·

象》："扬于王庭，柔乘五刚也。"夬一阴五阳，阴为柔，阳为刚，此卦有一阴柔乘凌五刚之象，故"柔乘五刚"。

（4）以卦变释卦辞。卦变，是指由于阴阳爻的变动，而使一卦变成另一卦，它反映了卦与卦之间存在着一种相互变化的关系。《彖传》运用这种卦与卦之间的关系注释卦辞。如《损·彖》曰："损下益上，其道上行。"所谓损下益上，是指《损》来自《泰》卦，即泰九三爻与上六爻交换位置而成，从上下卦看，其道上行，是说减损下体一阳而增加到上体，阳通行在上。而《益·彖》所说"损上益下"与《损·彖》相反，它是指《益》来自《否》，是减损《否》上体一阳爻而增益到下体，即《否》九四爻与初六爻互易而成。

2. 象（又称《象传》）

《周易》中的象，是指卦象。卦象取法自然之象。那么什么是自然之象呢？自然之象是指自然界事物所呈现的容貌、形态，如日月星辰所呈现的象称为天象，山川草木所呈现的象叫地象。

而《周易》中的象，就是对自然界中的物象加以概括整理，并通过卦表现出来的。对于《周易》中卦象的划分，古代有不同的意见：有分为实象、假象两种的；有分为本画象、实取诸物之象和取象明义三种的；也有分为七种的，如：八卦之象、六画之象、像形之象、爻位之象、反对之象、方位之象、互体之象。（见《周易概论》P42－68）《易传》中作为篇名的“象”是指《象传》，从上、下经来看，它分为《象》上、《象》下两篇，从释卦来看，又可分为两部分：大象、小象。大象是释卦象，小象是释爻象。

大象释卦的方法，是先用八卦之象解释卦，然后比拟人事，说明根据此卦象当如何去行动。如《比·象》：“地上有水，比，先王以建万国，亲诸侯。”比卦上坎下坤，坎为水，坤为地，坎在坤上，故地上有水。水性下，水行地上，没有间隙，有亲比之义，故此卦为比。比：亲比。先王效法此卦象当建立许多诸侯国，并以仁爱的态度去对待诸侯。从卦画看，比卦九五居上中为王，上下全为阴爻，故称万国、诸侯。

《小象》释辞的方法：

(1) 取爻位说。如释《屯》六二曰："六二之难，乘刚也。"这是说，《屯》六二有"难"之文辞，是在于：《屯》六二之阴乘凌初九之阳刚。又如释《否》九五爻辞："'大人'之吉，位正当也。"这就是说，《否》九五有"大人吉"之辞，在于此爻是以阳爻而居阳位，且居外卦之中位，即所谓"位正当"。

(2)《小象》有时只从爻辞自身来解释爻辞，也就是说辞不明确，小象换一种说法表达这个意思。如《屯》六三曰："即鹿无虞。"《象》释之曰："'即鹿无虞'，以从禽也。"这是说，在没有虞人作向导的前提下去追鹿，这只有被动地跟从禽兽。禽是释鹿。又如《需》九二曰："小有言，终吉。"《象》释曰："虽'小有言'，以'吉''终'也。"《象》在这里只加了几个连贯词，就把爻辞意思明确表达出来。

(3) 从义理方面释爻辞。如《恒》六五云："贞妇人吉，夫子凶。"《小象》解释说："妇人贞吉，从一而终也；夫子制义，从妇凶也。"这是说妇道人家守正则有吉。所谓守正就是妇人在婚姻方面从一夫而终，即一辈子只能嫁一夫，夫死不能再嫁，只有这样，才能有吉祥，而作为男子有绝对的权利只宜妇人从他，若他从妇人则有凶。《象》在这里很显然是以儒家的伦理道德来注释爻辞，这是《恒》辞中所没有的，《恒》六五爻辞是说，占问遇此爻，妇人则有吉，而男人则有凶。

3.《文言》

“文言”之辞，古者多解，有说以文饰乾坤的，有说依文言理，有说卦爻辞为文王所作，故曰文言，也有说乾坤德大，持以文饰而为文言。

本节以“文言”为名，是指《文言传》。《文言》文字不多，专门释《乾》《坤》两卦卦爻辞。《文言》通过注释《乾》《坤》卦辞，阐发了天地阴阳变化之理，君臣上下、安邦治国、修心养性之道，它的注释，无论是从思想内容还是理论深度，远远超过了《乾》《坤》卦爻辞。

4.《系辞》

系，系属；辞，文辞。系辞，指系属在卦爻之下的文辞，即卦爻辞。《易传》以系辞为篇名，专指《系辞传》，其含义为系附在《周易》后面关于《周易》通论的文辞。

《系辞》分为上、下两篇，称《系辞》上、《系辞》下。《系辞》分章，古代不统一，一般说来，多采用两种分法。其一，分上篇为13章，分下篇为11章；其二，分上篇为12章，分下篇为12章。

《系辞》是对《周易》总的说明，其内容博大精深，是学易必读之篇，总观《系辞》的思想，主要是以下几方面的内容：阐述了乾坤在《周易》中的地位以及内在的根据，追述了《周易》起源、形成、作者、成书年代（对于伏羲画八卦，文王演周易都作了说明），揭示了《周易》的作用为认识事物规律、预知未来、道德修养、安邦治国、观卦象制作器具；解释了16卦18辞，以补充《彖》《象》之不足，说明了《周易》体例，包括卦位、作用、爻位、爻德等；保留了古代原始的占筮方法——大衍筮法，并对其客观根据作了说明。

为了便于读懂《系辞》，这里简述《系辞》每章的主要内容。

上篇：

第一章　说明乾坤的道理来源于天地变化

第二章　圣人作《易》，君子用《易》

第三章　释卦爻辞通例

第四章　易道广大，圣人用之如此

第五章　易道之体用依赖于阴阳

第六章　易道广大

第七章　易理与修养的关系

第八章　观物取象及运用

第九章　占筮方法为揲蓍求卦

第十章　易之用有四：“尚辞”“尚象”“尚变”“尚占”

第十一章　占筮的作用及性质

第十二章　筮法的起源及易书创作

第十三章　设卦、立象、系辞的必要性及卦爻辞所含之义

下篇：

第一章　卦爻吉凶，造化功业

第二章　圣人制器观卦象

第三章　明《周易》吉凶悔吝产生

第四章　言八卦阳卦阴卦特征

第五章　引用孔子言论，阐发注释十一爻大义

第六章　叙卦爻辞特点

第七章　三陈九卦之德，以明作易者忧患意识

第八章　以爻位关系阐发变化之道

第九章　论说六爻位次性质、作用

第十章　六爻含有三才之道

第十一章　推断《周易》作者、时代及卦爻辞特点

第十二章　说明爻象特点及吉凶之辞的依据

5.《说卦》

又称《说卦传》，是系统地解说八卦的专著。说，有陈说、解说之义。《说卦》一般被分为十一章，其内容主要说明八卦产生、过程，八卦的性质、功用、方位，以及八卦所代表的卦象。其中八卦的性质、基本卦象是分析《周易》卦象，进行筮占的基础。

6.《序卦》

此篇对六十四卦排列及排列的客观根据进行

总的说明，它以“有天地然后有万物”说明乾坤居《周易》之首，又以因果联系、物极必反、相生相成观点，解释卦与卦之间的关系。以物不可以终穷解释《周易》，因此未济为最后一卦。《序卦》的解释多牵强附会。

7.《杂卦》

杂揉六十四卦，分六十四卦为三十二对，简要地说明卦名之义。之所以称“杂”，是因为它打乱了《序卦》六十四卦的排列，错综六十四卦而进行解说卦义。

八、《周易》的编次

《周易》编次在古代十分混乱，各种版本编次存在很大差别。现在通行的编次是清人阮元刻的《十三经注疏》中的《周易正义》的编次，或后人篡改的宋朱熹《周易本义》编次，其编次特点经传混合，把《易传》解释《周易》卦爻辞的有关部分放到对应的地方。《易传》中凡属于总论，或者无法分割的部分，放在《周易》古经之后，具体情况如下：

先卦画卦名卦辞，后是释这一卦卦名、卦辞的《彖传》即为“彖曰”，再接下来是释这一卦的卦象的《大象》，为“象曰”，再是爻辞，每条爻辞之后都附有释爻辞的《小象》，为“象曰”。当然，乾卦例外，乾卦次序是卦画—卦名—卦辞—爻辞，再是释乾卦的《彖传》，即“彖曰”，后是释乾卦卦象的《象传》，即“象曰”，最后是释《乾》卦的《文言》。（有人说这样是为了让人记住《周易》原貌是经传分离的。）而《系辞》上、下、《说卦》、《序卦》、《杂卦》无法割裂，总附在六十四卦之后。这是现在通行的《周易》编次。

然而古代对《周易》编次的意见不尽一致，但总的看来，可以分为两大派，一派是经传合，另一派是经传异。从历代《周易》流传看，两派进行了激烈的斗争。战国时，《易传》十篇成书，当时，《周易》经传分离，到汉代，《周易》与《易传》合称《易经》，但《周易》经传是分开的，一段把《易经》分为十二篇：《周易》古经上、下两篇，《易传》十篇。西汉末，费直首次以《易经》解经，经过郑玄、王弼传费氏易，将《易传》分割，附到《周易》古经相应的地方，并在书中称有

"彖曰"、"象曰"，这就是我们上面所提到的通行的编次。唐朝孔颖达采用了王弼所作的《周易正义》，使王弼易本定为一尊，但是也有人认为这本编次不完善，还应该把其他传再分，如唐代李鼎祚《周易集解》又在王弼本基础上把《序卦》分割，逐条放到每一卦经文之前。也有按照王弼本的乾卦的分法，将《易传》有关部分附到每一卦之后。

宋代有许多易学家不同意这种方法，他们恢复了汉初《周易》11 篇，让《周易》经传不相混杂，如吕祖谦、朱熹等人都是采用了经传分离的编次，当然朱熹的《周易本义》后经人篡改，次序被打乱，我们见到的《周易本义》多是被篡改次序的本子。

将《周易》经传合，有利于对照传文解释《周易》古经，可以节省时间，这是有利的。但是，不利的一点是容易使经传不分，特别是打乱了各自的体系，不利于对二者的体系及各自的特点进行研究。而把《周易》经传分开，保持了《周易》经传原貌，克服了以上的缺点，但是，不能直接对应经传读《易》，二者各有千秋。

第二章
周易筮法

一、《周易》是用来占筮的吗?

一直以来人们对《周易》的认识，有不少片面地以为它只是作为“算卦占筮”之用的作品。当然，这种认识也并非毫无依据，因为《周易》产生之初，实是“为卜筮而作”。但我们所要修正的是此书虽曾被用来占筮，但其本质乃是哲学著作；也就是前文说过的，它是“以占筮为表，以哲学为里”。而且，仅就“占筮”一端来说，《易》筮的运用实有它的历史背景与发展流变过程。先时期用《周易》占筮的渊源在先秦时代，最为通行的预测吉凶的方法有两种：一是“卜”，二是“筮”。

"卜"是用龟甲或兽骨，将之灼钻穿洞，视洞沿的裂纹形状占断吉凶，随卜将结果刻写于甲或骨上(今存殷墟甲骨文即是)，而没有预先编定卜辞根据现有考古材料，甲骨占卜在新石器时代晚期已经出现了，至商代而大盛，商亡以后延续未绝，在某些少数民族甚至保存到现代。殷墟甲骨的质料，有龟腹甲、龟背甲、牛（少数为羊、猪）胛骨三种。甲骨都是从各地采集或贡纳到首都来的，要经过一定的修治。特别是背甲，要中剖为左右两半，个别还有削成鞋底形的。

修治过的甲骨，在背面用锋刃器挖出圆形的钻和梭形的凿，有些圆钻是用钻子钻成的。胛骨扇部的正面，有时也有钻、凿。这时，准备工作完成，甲骨可以用来占卜了。上述的过程，包括甲骨的来源，修治甲骨的人员，以及修治后交付哪一卜人保管，都要记录在甲骨上面。为了不妨碍占卜，一般是刻在不用于占卜的部位，如胛骨的骨臼或背面外缘，腹甲甲桥背面或尾甲正面一角，背甲顶端或背面内缘等处。这部分刻辞，我们称之为署辞。占卜时卜者用火烧灼已制好的钻，使甲骨坼裂成"卜"字形的裂痕，名为"兆"。兆的情况和次第，刻记在兆的旁边，我们称之为兆辞，表示次第的兆辞，也称为兆序。占卜的时日，卜者的名字，所问的问题，都刻在有关的兆的附近。关于卜问时间，有时还有地点的部分，称为前辞，问题本身，称为贞辞。得兆后，应对照占书，作出吉凶祸福的判断，称为占辞。最后把占卜后是否应验的情况也记录下来，称为验辞。

以上署辞、兆辞、前辞、贞辞、占辞、验辞，构成甲骨卜辞的整体。不过并不是每版甲骨的卜辞都能够具备这 6 个部分，更多的实例是比较简化的。以《殷虚文字乙编》7126 腹甲为例，按上述试加分析：背面右甲桥“入五十”是关于腹甲来源的记录，甲系所贡纳，共五十版，此为其中之一。左甲桥“妇示十，争”，是关于腹甲修治保管的记录，由妇主管修治，共十版，交卜人争收掌，以备卜用。以上为署辞。正面左右对贞，右侧七兆，兆辞为“（一），二，小告，三，四、不许黾，五，六、二告，七。”左侧六兆，兆辞为“（一），二，三，四，五，六、不许黾。”与右侧兆关联的是从正面问的卜辞，与左侧兆关联的是从反面问的卜辞。一正一反对问，是这时期卜辞的常例。此版一对卜辞是："戊戌卜永贞，今日其夕风？贞，今日不夕风？""戊戌"，是纪日的干支，"戊戌卜"即在戊戌这一天占卜，"永"，执行占卜的卜人名。"贞"，意思是"问"。"戊戌卜永贞"是前辞。反问则从简略，只用一个"贞"字。"今日其夕风"是贞辞，意思是：今天在晚上起风么？反问"今日不夕风"，意思是：今天不再晚上起风么？两问一正一反。

这一版没有占辞和验辞另举一条有占辞、验辞的例子，《殷虚文字乙编》6664腹甲："丙申卜贞，来乙巳下乙？王曰："惟有祟，共'有设。乙巳'明雨，伐既雨，咸伐亦雨，卯鸟星（晴）。施、乙巳夕有设于西。""丙申卜贞"是前辞，"来乙巳下乙"是贞辞。"王曰"以下是占辞，"乙巳"以下则是验辞。整条卜辞大意是：丙申这一天有卜人问：乙巳是否祭祖先下乙（即商王祖乙）。王（武丁）作出判断说，此次祭将有灾祟，而且有设（有学者以为是霓）。到乙巳这一天举行祭，天亮开始下雨，行人祭时雨停，人祭结束又落雨，到陈列祭品和杀鸟仪式时天才放晴，当晚又有"设"在西方出现。占辞、验辞的体例大致如此。

“筮”是用五十根蓍草，演算出卦形，根据所得之卦象和卦辞来判断吉凶。先秦典籍中，记载《易》筮例子最多的是《左传》和《国语》。这些筮例，所涉及的多是上层统治阶级问疑决难之事。

如《左传》庄公二十二年记载，陈厉公生了一个儿子，想知道幼儿的前程如何，便请周王朝的史官占了一卦；闵公元年记载，毕万想在晋国做官，便用《周易》占了一卦；闵公二年记载，鲁桓公的妻子将要分娩，桓公欲知这个未来子女的吉凶，就占了一卦；僖公十五年记载，晋献公想把女儿伯姬嫁给秦穆公为妻，于是占了一卦；同年记载，秦穆公攻打晋国之前，为此占了一卦；僖公二十五年记载，周朝廷内乱，周襄王逃往郑国，晋狐偃劝文公出兵送襄王回国，文公让狐偃占了一卦；成公十六年记载，晋国和楚国在鄢陵打仗，临战前，晋侯想预测战局的胜负，曾占了一卦；襄公九年记载，鲁宣公的妻子穆姜曾经设谋废除嗣君未成，被贬入东宫，临赴东宫前，占了一卦以问来日吉凶；昭公五年记载，鲁国的叔孙庄叔（名得臣）次子初生，为此占了一卦；昭公七年记载，卫襄公去世，卫国大夫对立长子还是次子为君的问题未能决定，于是占了一卦；昭公十二年记载，鲁国的南蒯想背叛鲁国投降齐国，为此占了一卦；哀公九年记载，宋国攻打郑国，晋国的阳虎占了一卦，以决定晋国是否要攻宋救郑。

《国语》中类似这样的筮例也有一些，如《周语》记载，晋成公客居在周王朝，临将归国前占了一卦；《晋语》记载，晋公子重耳（即后来的晋文公）出亡，想借用秦国的力量夺回晋国，为此占了一卦；又记载秦穆公收纳重耳，用兵力帮助重耳回晋，也让董因占了一卦。从上面举的简单例子看，先秦时代《易》筮的运用十分广泛。那些上层人物，出兵打仗要占卦，生儿育女要占卦，幼主登位要占卦，嫁女娶妻要占卦，甚至出走叛逃、遭受贬谪都要占上一卦，以测前程吉凶。至于在占卦过程中，如何判断所问事件的得失利弊，则往往是因人而异，即占卦者并非绝对以所筮得卦件的分析并参照卦辞的吉凶为吉凶，而是根据他自己对事辞的内容作出自己认为满意的解释。

《左传》襄公二十五年有这样一段记载：齐国的大夫崔杼去吊唁棠公，看到棠公的遗孀棠姜年轻貌美，遂生爱慕之心。这时崔杼的妻子也刚死不久，便想把棠姜娶过来作继室。崔杼的手下认为不妥当，劝他勿娶。崔杼就用《周易》占了一卦，占得《困》卦变为《大过》卦。这是《困》卦第三，六三变动所致。六三辞说：“困于石，据于蒺藜；入于其宫，不见其妻，凶”意思是：“困守在巨石下，石坚难入；凭据在蒺藜上，棘刺难践；即使退回自家居室，也盼不到配人为妻的一天，有凶险。”崔杼的下僚根据这则辞，认为是大凶之兆，绝不可娶棠姜。但崔杼对棠姜一见倾心，他解释说：“棠姜是寡妇，娶她没有妨碍；如果占得这一卦是凶兆，那凶兆早已在她死去的丈夫身上应验过了。”崔杼执意娶了棠姜。不久，齐庄公利用到崔家的机会，与棠姜多次私通。崔杼知道内情后，大为恼火，就设计把庄公杀了，另立新君。第二年，崔杼和棠姜生了一个儿子。第三年，为确立家族继承人问题，崔杼与前妻所生的两个儿子产生冲突，崔氏的政敌庆封乘机插手，杀了崔氏全家，夺取了他的全部人口和财货，棠姜上吊而死。崔杼面临家破人亡的境地，也上吊死了。在三年之间，崔杼由于娶棠姜为妻而酿成大祸，终于使崔杼整个家族彻底覆灭。

然而《周易》哲学强调“变动”，吉可变凶，凶可变吉，这就为占筮者提供了十分宽裕的推论余地。所以在阅读古代史籍中记载的《周易》筮例时，要具体分析当时的历史背景和占筮者的思辨能力，才能获得科学的认识，而避免陷入迷信的泥淖。

二、《周易》占筮的具体程序

有关占筮之方法，朱子在根据《系上传》而为《筮仪》，对此详有描述，现参考《筮仪》《易经入门》《周易古经今注》诸书对《周易》成卦之法简述如下：

以椟盛蓍五十策，筮时仅用四十九策，即所谓“大衍之数五十其用四十有九”也。

一变：

一演：将四十九策任意分为两部分，分握于左右手，左手握者象征天，右手握者象征地，即所谓“分而为二以象两”也。

二演：由右手中取出一策，夹于左手小指与无名指之章，象征人，即所谓“挂一以象三”也。

三演：将右手之策，每四策一组数之，象征四时，即所谓“揲一象四时”也。

四演：数至最后，或余一策，或余二策，或余三策，或余四策，取而夹于无名指与中指之间，即所谓“归奇以象闰”也。

五演：取右手部分，每四策为一组，数之，所谓“再揲之以象四”也。

六演：数至最后，或余一策，或余二策，或余三策，或余四策，取而夹于食指间，所谓“再归奇于扐”也。

七演：取指间之策而挂之，所谓“再扐而后持”者，包括五演、六演、七演而言也。

以上为第一变，其结果有两种，一、余四十四策，二、余四十策。

将所余之策如演之如第一变，其结果有三种：一、余四十策，二、余三十六策，三、余三十二策，可得第二变。

将所余之策如演之如第一变，其结果有四，此为第三变：

余三十六策，九揲之数，是为九，是为老阳，是为可变之阳爻；

余三十二策，八揲之数，是为八，是为少阴，是为不变之阴爻；

余二十八策，七揲之数，是为七，是为少阳，是为不变之阳爻；

余二十四策，六揲之数，是为六，是为老阴，是为可变之阴爻。

至此初爻成，即所谓“三变而成爻”也。九、八、七、六谓之四营，《易》四营而成卦，又以四营而变卦，故曰“四营而成易”。

二、三、四、五、上爻各爻皆依初爻之演法而得出，六爻俱成而卦成，每卦六爻，每爻三变，即所谓“十八变而成卦”也。

由以上叙述可知，《易》的正规占筮程序是“三变”成爻，“十八变”成一卦。而每“三变”所成之爻的阴阳性质，视四种“过揲”策数而定：三十六策为“老阳”、三十二策为“少阴”，二十八策为“少阳”、二十四策为“老阴”；将诸数分别除以四，可得“九”、“八”、“七”、“六”。据汉人之观点，七象征春，春者阳气渐生，故为少阳；八象征秋，秋者阴气渐生，故为少阴；九象征夏，夏者阳气渐老，故为老阳；六象征冬，冬者阴气渐老，故为老阴。

由春而夏，乃由阳而阳，时序虽改而阳气不变，故“七”为不变之阳爻焉。由夏而秋，乃由阳而阴也，时序既变，阳气亦变，故“九”为宜变之阳爻焉。由秋而冬，乃由阴而阴，时序虽改而阴气不变，故“八”为不变阴爻；由冬而春，乃由阴而阳，时序既改，阴气亦变，故“六”为宜变之阴爻焉。

以上所述，乃占筮之成卦法。成卦之法已有定案，而变卦之法尚须讨论。的确，成卦之法，不过一种操作性之手段；变卦之法，却直接与解卦相关，可见，深刻理解变卦之解卦方法，才是能否正确运用占筮之关键。

朱子易学《启蒙下》《考变占第四》对变卦专有论述，多为后人所袭用，一般可概括为以下几种情况：

六爻不变，卦中六爻都不是变爻，这叫“静卦”，依据本卦之卦辞解卦。（凡卦六爻皆不变，则占本卦彖辞，而以内卦为贞，外卦为悔。）

一爻变，卦中有一个变爻，就用这个变爻的爻辞解卦；（一爻变，则以本卦变爻辞占。）

二爻变：卦中有两变爻，用这两个变爻的爻辞解卦，而以上爻爻辞为主；

三爻变：卦中有三个变爻，解卦时用本卦的卦辞并结合变卦的卦辞作综合考虑；（三爻变，则占本卦及之卦之彖辞，而以本卦为贞，之卦为悔，前十卦主贞，后十卦主悔。）

四变爻：卦中有四个变爻，用另外两上不变爻的爻辞解卦，而以下爻爻辞为主；

五变爻：卦中有五个变爻，用变卦的不变爻辞解卦；

六爻皆变：卦中六爻都是变爻，如果是乾、坤两卦就用“用九”、“用六”解卦，其他卦则用变卦的卦辞解卦。

高亨不满意朱子之解释，以为天地之数五十五不可能与筮法无关，而是以之定卦之变化者也，具体方法如下：

六爻之营数为36—54（每一营之营数为一变所得之数即6、7、8、9之一，六爻营数之和最小为36，最大为54），故欲定变卦，当以卦之营数与爻之数凑足天地之数，其法于五十五内减去卦之营数，以其余自初爻上数，数至上爻，再自上爻下数，数至初爻，更自初爻上数，如此折回数之，至余数尽时乃止，所止即宜变之爻也。

筮时所得之卦，谓之“本卦”，所变之卦，谓之“之卦”。不变之卦，主要以“本卦”卦辞占之，不须求其宜变之爻也。可变之卦，分以下几种情况：

1. 六爻皆七、八，以“本卦”卦辞占之；

2. 一爻为九、六：

（1）如此爻适为宜变之爻，以本卦变爻爻辞占之。

（2）如此爻非宜变之爻，主要以“本卦”卦辞占之。

3. 两爻为九、六：

（1）如其一爻为宜变之爻，主要以本卦变爻爻辞占之。

（2）如两爻均非宜变之爻，主要以本卦卦辞占之，因其可变之爻少于不变之爻也。

4. 三爻为九、六：

（1）如其一爻为宜变之爻，主要以本卦变爻爻辞占之。

（2）如其三爻均非宜变之爻，则变三爻之九为六，六为九，而得“之卦”。主要以本卦、之卦卦辞合占之。因其可变之爻与不变之爻相等，是贞悔相争之卦，故以两卦卦辞占之也。

5. 四爻为九、六：

(1) 如其一爻为宜变之爻，主要以“本卦”变爻爻辞占之

(2) 如其四爻均非宜变之爻，则变四爻之九为六，六为九，而得“之卦”，主要以“之卦”卦辞占之，因其可变之爻多于不变之爻也。

6. 五爻为九、六：

(1) 如其一爻为宜变之爻，主要以本卦变爻爻辞占之；

(2) 如其五爻均非宜变之爻，则变五爻之九为六，六为九，而得“之卦”，主要以“之卦”卦辞占之，因其可变之爻多于不变之爻也。

7. 六爻皆九、六：与朱子方法同（略）

要而言之，以天地之数与卦之营数为定变爻之主干。不变之卦，则以本卦卦辞占之；全变之卦，则以之卦卦辞占之（乾坤例外）。此二者外，若宜变之爻与可变之爻相值，则以“本卦”变爻爻辞占之。若宜变之爻与可变之爻不相值，可变之爻少于不变之爻，则以“本卦”卦辞占之；可变之爻多于

不变之爻，则以“之卦”卦辞占之；可变之爻等于不变之爻，则以本卦、之卦卦辞合占之。

高亨与朱子之变卦法，最大的差别在于：当出现变爻时，朱子侧重于以变爻之爻辞为占，如一爻变时以本卦之变爻为占，二爻变时主要以本卦之上变爻爻辞为占；而高亨则唯有宜变之爻与可变之爻相值时，方主要以“本卦”之爻辞为占，当宜变之爻与可变之爻不相值时，则根据变爻之数目，以确定以“本卦”或“之卦”为占。

在此基础上，高氏进一步考证《易》为何以“九”表阳性，而以“六”表阴性：阳爻所以用“九”者，乃筮时所得之爻为九揲蓍草，乃可变之阳爻也；阴爻所以用“六”者，乃筮时所得之爻为六揲蓍草，乃可变之阴爻也。

《系上传》云：“《乾》之策二百一十有六，《坤》之策百四十有四，凡三百六十，当期之日。二篇之策，万有一千五百二十，当万物之数也。”《乾》卦六爻皆九，据筮法，每爻皆九揲蓍草，每揲四策，以六与九与四相乘，正得二百一十六；《坤》卦六爻皆六，据筮法，每爻皆六揲蓍草，每揲四策。以六与六与四相乘，正得一百四十四策，两数相加，正得三百六十策。

《系上传》又云："二篇之策，万有一千五百二十，当万物之数也。"《周易在》古经上下两篇共六十四卦，每卦六爻，其三百八十四爻。阳爻为九者为六者各居其半，即各为一百九十二支，据筮法，阳爻为九者九揲蓍草，每揲四策，以一九二与九与四相乘，得六千九百一十二策；阳爻为六者六揲蓍草，每揲四策，以一九二与六与四相乘，得四千六百零八策。两数相加，正得一万一千五百二十策。

三、《周易》筮法的发展及其流变

先秦时代的《周易》占筮法流传到西汉之后，又有较大的发展与各种变异，乃至流为民间术士愈演愈繁的种种《易》占手段。这方面的情况颇为复杂，此处择取较重要者略作简介。

焦赣《易林》筮法

西汉焦赣，字延寿，写了一部《易林》。此书按每卦均可以变成六十四卦中任何一卦的规律，排成4096中卦变次序，每一种卦变都附有一则韵体文辞，称为"林辞"，供人占筮时用。用《易林》

占筮，也是先以揲蓍四营之法，经十八变成一卦，然后视“本卦”与“之卦”的情况寻找《易林》中相应的“某卦之某卦”的“林辞”来占断吉凶；若筮得“本卦”六爻皆不变，则取《易林》中的“本卦”的“林辞”来占断。这种筮法，沿用了先秦的揲蓍演卦程序，但不敢爻辞占断，而是另编一套文辞作占断时用。

京房筮法

西汉京房，字君明，是焦赣的学生。他跟从焦赣研究《易》学，尽得焦氏阴阳占筮的真传。为官期间，经常通过占筮来解说自然灾异和社会现象，并借以抨击朝政。焦赣曾预言：“学了我的阴阳占筮的道理，而招来杀身之祸的，必然是京房。”后来京房果然蒙遭用占筮“诽谤政治”的罪名被朝廷逮捕处死。京房对《周易》筮法的发展和改造，大约体现于两方面：一是发明了“金钱代蓍”法，也称“金钱卜”。其法是用三枚铜钱代替蓍草，一次同时掷下三钱，以有字之面为阴，无字之背为阳，若遇三枚皆为“老阳”，即“三少”，其数为“九”；若遇三枚皆面为“老阴”，即“三多”，其数为“六”；若遇两枚面一枚背则为“少阳”，即

"两多一少"，其数为"七"；若遇两枚背一枚面则为"少阴"，即"两少一多"，其数为"八"。这样，每掷一次得一爻，相当于"三变"；掷六次成一卦，相当于"十八变"。由于"金钱卜"的原理与蓍草揲卦无异，但操作程序却简便得多，所以汉以后在民间十分流行，街肆卦摊上的"卖卜先生"大都使用此法，以致原初用50根蓍草演卦的方法反而鲜为人知了。唐代诗人于鹄写过一首《江南曲》"偶向江边采白蘋，还随女伴三江神。众中不敢分明语，暗掷金钱卜远人。"（《全唐诗》卷十九《相合歌辞》）即言及"金钱代蓍"之事。足见当时的"金钱卜"似乎人人皆知，连年轻妇女思念远方的郎君，祝其早归，都用此法卜上一卦。

二是将五行、天干、地支与六十四卦的爻位相配合，并穿凿六亲、世应、飞伏等条例，纳入《周易》占筮的体系中，使筮法复杂化。后代题为郭璞撰的《洞林》及题麻衣道者撰的《火珠林》，均全盘沿用了京房的这些条例，在中国占卜史上流传了近两千年，至今一些喜好占筮的人仍在使用此法。

除焦赣、京房对《易》筮方法作了发展与改造之外，民间流行的各种筮法还很多。如相传北宋邵康节发明的“梅花易数”也是一种，其有用字画起卦的方法，如：求筮者随手用楷书写出两个字，然后计算各字的笔划数，以“先天”卦数“乾一、兑二、离三、震四、巽五、坎六、艮七、坤八”为序，笔画超八画的从第九起再自“乾一、兑二……坤八”算下去，每字的最后一画算至哪一卦就成为其字的卦象，而以上字为内卦，下字为外卦，组成一个六画卦形；然后把两字笔划数的总和除以六，若余一则以初爻为占断，余二则以二爻为占断，余三则以三爻为占断，余四则以四爻为占断，余五则以五爻为占断，若整除则以上爻为占断。此类占筮方法，于古无征，只能看作是后人创造出来的用以依附《周易》占断吉凶的新方术而已。

总之，自《周易》筮法创立以后，对后代影响至大，其发展流变也十分广泛多样。作为研究《周易》者，有必要了解这一历史状况，探讨《易》筮产生、发展、演变的背景，从而对中国古代思想文化史的一条重要线索有较为明晰的认识。

第三章
《周易》简史

《周易》学说的流传经过了几个阶，段自从《周易》六十四卦及卦爻辞出现之后，就引起学者的重视。孔子或其后学撰述的《易传》十篇，《左传》《国语》记载的许多《易》筮例子，反映了先秦时代《周易》学说的特色以及达到的水平。秦始皇兼并六国，统一天下，焚毁一切旧传经典，《周易》作为卜筮之书不属于焚烧之列，独得幸存。所以，西汉初年复兴经学，《周易》的传授较其他诸经最为无阙。而且，由于《易传》十篇的流传日益广泛，并为学者所高度重视，乃至被合入“经”传中，遂使历代对《周易》的研究，均以经传两者为主要对象。从西汉到今天的两千多年之间，纵览时代的发展，《周易》学说的流传大致可以分为五个主要阶段：汉魏六朝易学，唐代易学，宋代易学，元明清易学，现当代易学。下面依此五阶段，略为叙述各个历史时期易学的基本特点及重要代表人物。

一、两汉、魏晋、南北朝易学

这一阶段的易学，可分三个时期：

（一）西汉

西汉时期的易学，约有四个主要流派：一是“训诂举大谊”即根据先秦《易》说，训释六十四卦大义，以周王孙、王同、丁宽、杨何、蔡公、韩婴七家所作阐《易》著述为代；二是“阴阳侯灾变”，即运用“周易”原理解释大自然灾异及人类社会的各种事变，以孟喜、京房、五鹿充宗、段嘉四家《易》说为代表；三是“章句守师说”，遵循当时朝廷学官所立的经师传授之学治《易》称为：“今文《易》学”，以施雠、孟喜、梁丘贺、京房四家博士所传为代表；四是“《十翼》解经意”，即民间私学传授的经说，专取《易传》十篇（《十翼》）解说六十四卦，称为“古文《易》学”，以费直、高相所传为代表。

以上孟喜、京房分列两类，是由于两家的章句之说为正宗，而灾变占验之说则独成一派。在这四个流派的代表《易》家中，又以丁宽、孟喜、京房、费直对后代的影响最为深远。

丁宽，梁（今河南商丘）人，字子襄。曾经随从项生学《易》于经师田何，研探精敏，才力远过项生，深受田何器重。学成之日，田何告诉他可以回去了。丁宽东归后，田何对学生说：“《易》以东矣！”意思是赞叹丁宽将带着他的《周易》学说东去而产生巨大影响。后来，丁宽又到洛阳，又跟从周王孙研习《周易》古义，学殖益深。汉景帝时，曾任梁孝王手下将领，号丁将军。撰《易》说三万言，以其学传授同郡田王孙。田王孙又传授施雠、孟喜、梁丘贺，《易》学史上于是有了施、孟、梁、京之学。

孟喜，东海兰陵（今山东苍山兰陵镇）人，字长卿。孟喜的父亲是当时研治《礼》《春秋》的专家，但他认为《礼经》太多、《春秋》繁杂，所以就让孟喜学《周易》。孟喜与施雠、梁丘贺同向丁宽的弟子田王孙学《易》。孟喜的《易》学，有《周易章句》，但他长于阴阳占验之学，以卦气说为本，对后来的《周易》占侯学影响甚大。其学传同郡白光（字少子）、沛翟牧（字子元），两人都成为《易经》博士。相传《易林》的作者焦赣，也曾向孟喜学过《周易》。

京房（前77—前37），东郡顿丘（今河南清丰西南）人，字君明，本姓李，排律自定为京氏。喜好音乐钟律，据八卦原理用“三分损益法”将十二律扩展为十六律。《周易》研治，拜焦赣为师，擅长于用六十四卦分值四时以解说阴阳灾异、占验人事吉凶。汉元帝初元四年（前45）以孝廉为郎，立为《易经》博士。他常常用《易》卦解说自然灾变和社会政治的关系，屡次上疏元帝，所言多能应验。但朝廷中的公卿大臣都认为京房的言论繁琐不可行。他曾经向元帝劾奏石显专权，被石显嫉恨在心。后来，因石显进谄言，京房就被元帝贬为魏郡太守。但他仍然上书给元帝，坚持用卦气之说评议灾变、朝政。石显等人进一步诬告京房与叛党通谋，“诽谤政治，归恶天子”，他被下狱处死，年仅41岁。京房开初向焦赣学《周易》的时候，尽获焦氏的阴阳侯灾变之传。那时，焦氏就深怀忧虑地说："得我道以亡身者，必京生也。"结果他的预言果然成为现实。

费直，东莱（郡治今山东掖县）人，字长翁。仕为郎，至单父令。研治古文《易》学，长于卦筮，不著《周易》章句，只以《彖传》《象传》《系辞传》《文言传》等解说上、下经。因其无章句，未立于学官，仅在民间流传。东汉以后，郑众、马融、郑玄、王弼等并传费氏《易》，其影响便取代了其他各家。

（二）东汉

东汉时期的《易》学，是沿承西汉的流派而发展的。其中对费氏《易》学的承传较其他各家为盛。如马融、刘表、宋衷、王肃、董遇等人，纷纷为费氏《易》作章句（因为费氏无章句，所以诸家各为之立注阐说），这是一派。郑玄、荀爽则是先治京氏《易》，后来参治费氏《易》，即合京房、费氏之学而统化之，这是第二派。虞翻本治孟喜《易》学，又杂用《周易参同契》的纳甲术为说，这是第三派。陆绩，则专治京氏《易》，这是第四派。可见，东汉研《易》流派，与西汉的孟喜、京房、费直之学渊源至为密切。以上所举各《易》家中，成就较大、影响较著的有郑玄、荀爽、虞翻等人。

郑玄（127—200），东汉北海高密（今属山东）人，字康成。年少时家中穷困，当过乡官“啬夫”，不乐意为吏。经常到学官处求教。进入太学读书，随从京兆第五元先问业，精通今文京氏《易》学、《春秋公羊传》等。又西入关求学，拜扶风马融为师。马融研究古文经学，当时收门徒400多人；郑玄在门下3年之久却见不到老师马融，他所学的经典均是同门高业弟子代师传授。在这种情况下，郑玄仍然坚持日夜研讨经学，未尝怠倦。有一天，马融召集学生们考核讨论有关“图纬”问题，也接见了郑玄。郑玄精细辨析了这方面的疑义难题。讨论完毕，郑玄就向老师辞别，返归山东。马融对学生们喟然赞叹说：“郑生今去，吾道东矣。”意思是，郑玄带着他已经成熟的满腹学问东归，我的学说也将随着他影响山东的众多学者。郑玄游学10余年，回到乡里后，就聚众讲学，相随他的弟子有成百上千人。不久，由于党锢事起，郑玄的讲学被朝廷禁止，他就闭门隐修经业。汉灵帝殁，党锢之禁解除，郑玄又重新讲学授徒，门下弟子从远方前来求学者达数千人。当时的权势人物何进、董卓、袁绍等先后延召聘用郑玄，礼待甚优，郑玄多以老病为理由推辞。后来因袁绍逼迫，抱病随军，乃以疾病笃甚而逝世，年74岁。作为东汉的经学大师，郑玄以古文学为主，兼采今文经说，著述囊括各种经典，凡100多万言。在《易》学方面，他先治京氏《易》，后参以费氏《易》，创立了十四卦爻辰说，并撰《周易注》九卷。

荀爽（128－190），颍川颍阴（今河南许昌）人，字慈明，一名谞。幼年好学，12岁就精通《春秋》《论语》。当时的太蔚杜乔见到荀爽，称赞他“可为人师”。平时耽思经书，不事庆吊应酬，不应官府征命。兄弟共八人，人们称为“荀氏八龙，慈明无双”。后来被拜为朗中，上疏指摘朝廷的政治弊病，盛称儒家礼义。奏疏上达后，即弃官归去。不久遭党锢之禁，隐居著述，积十余年研讨，遂以“硕儒”著称于世。董卓征召，想躲避而未能，被拜为平原相，旋即又追加为光禄勋，就任3日又进拜为司空：从被征命起，仅95日间，由平民布衣升至三公高位。但他看到董卓的政治日益残暴，便与王允等人共同图谋推翻董氏政权，适遇疾病深重而逝世，年63岁。荀爽的著述广涉群经、子史，共100多篇。在《周易》研究方面，他专治费直古文《易》，以《十翼》解说六十卦经义，并创立“乾坤升降”的《易》学条例。

虞翻（164—233），会稽余姚（今属浙江）人，字仲翔。年少好学，有高气。最初跟从王朗，后来随孙策为功曹。汉室曾召其为侍御史，曹操以司空辟，均不应召。孙权执政东吴，拜为骑都尉，常随军出谋划策。秉性疏直，经常犯颜谏争，又不与世俗协调，所以屡屡遭人毁谤。曾经被流放到杨泾县（今属安徽），后来获释。关羽战败，孙权让虞翻占个卦，筮得《节》卦变为《临》卦，虞翻判断说：“不出二日，关羽必将断头。”两天后果然应验。孙权称赞说：“真可与东方朔相匹敌。”孙权自号吴王，设宴欢饮，虞翻在席间佯醉失礼，险些遭杀。孙权与张昭谈论神仙之事，虞翻指着张昭的鼻子斥道：“那些全是死人，而妄称为神仙，世上哪有仙人呢！”这类事情时常发生，孙权积怒之下，把虞翻流放到交州（今广东、广西一带）。虞翻虽然处于流放环境，却仍然讲学不倦，随从他的学生常有数百人。曾为《老子》《论语》《国语》作注解，特别精通《易》学，提倡“纳甲”、“旁通”、“之正”、“卦变”等条例。虞翻流放交州 10 余年，70 岁时在该地逝世。

（三）魏晋、南北朝

魏晋南北朝的易学，较前代有了重大的变化。变化的关键，是魏王弼《易注》的出现与盛行，从而使承传 400 年的汉“象数”《易》学逐渐衰亡。

王弼（226—249），山阳（今河南焦作东）人，字辅嗣。少年聪慧，10 余岁时，喜好《老子》，通辨能言。当时何晏任吏部尚书，十分惊奇王弼的才华，赞叹说：“孔子称后生可畏，像这个人，真可以同他讨论天人之间的道理。”王弼为人通隽敏捷，不擅长于营求功名。好谈玄学，对《周易》研治最深。性情和顺，爱好游宴，通晓音律。平日谈论哲理，自然高拔，常以自己的长处讥诮他人，因此人们往往对之不满。正始十年（249）秋，染疠疾而身亡，年仅 24 岁。著有《周易注》《周易略例》《老子注》《周易大衍论》《老子指略》《论语释疑》等书。前两种对后代《易》学影响至大。

晋以后，王弼《易注》日益盛行而独冠于世。王弼易学的势力，取代了两汉诸家易学，笼罩于魏晋南北朝之间，虽郑玄之注也不能与之抗衡。王弼的《易注》，到了唐代几乎定于一尊。后宋、元、明、清，研讨考辩王弼《易》学者代不乏人，影响迄今未衰。

王弼的易学既对后代产生如此巨大的影响，那他的研《易》特点及贡献又有哪些呢？择其最主要者而言之，约有两方面：其一，扫象数，阐哲理。两汉《易》家，多主“象数”之学，到王弼时代，已经积弊至深。王弼《周易》学说的出现，则改变了一代学风。他置400年易学流俗于不顾，独树新帜，奋起矫正两汉以降“象数学”弊端，廓而清之。他提出“得意忘象”、“得象忘言”的主张；并综合发展了前人可取的《易》说，提倡“卦以存时”、“案爻明体”、“承乘比应”、“卦主”等条例。着重从哲理角度阐说《周易》六十四卦的象征意义。其二，改定《周易》经传体列。《周易》经传原皆单行，后来经师为便于学者研习起见，将经文与传文合为一本并行，即为后代通行的援传连经之本。西汉初，费直治古文《易》，无章句，徒以《十翼》解说经意，这是援传连经的滥觞。东汉，郑玄传费氏《易》，分《彖传》《象传》为六十四组，各附六十四卦经文之后，于诸卦《彖》《象》前增题“彖曰”、“象曰”，以别于经文。这是郑玄对费直所传《周易》经传参合本体例所作的修订，使援传连经的规式初成范本。至王弼继起，对经传合并本《周易》的体例更作改定。所改定的要点有二：一是，将《象传》再行离析，以《彖传》《大象传》分附卦辞后，各爻《小象传》分附爻辞后，使《彖》《象》附经更为贴近。只留《乾》卦仍依郑氏体例，大概是为了让读者明了古本的体式。二是将《文言传》分割为两部分，各附在《乾》《坤》两卦的卦爻辞、《彖传》《象传》之后，并各题“文言曰”以标明之。经过王弼的改定，费直、郑玄所传《周易》经传参合本就以规范形式盛行了1700多年，至今犹然。尽管宋代以后学者力图恢复古《易》旧式，但最终也难以取代王弼的传本。

二、唐代易学

唐代的《易》学，可分为主流和支流两方面

叙述：

（一）主流

以孔颖达《周易正义》为代表。唐代初年，朝廷修撰《五经正义》，孔颖达等人主持其事。《周易正义》采用王弼、韩康伯的注本，孔颖达为之作疏。王弼所注《周易》，只包括六十四卦经文以及《彖传》《象传》《文言传》，而《系辞传》以下不注。后来，谢万、韩康伯、袁悦之、桓玄、卞伯玉、荀柔之、徐爰、顾欢、明僧绍、刘巘等十人相继补注，因韩注独得盛行，其余九家皆亡。孔颖达的疏解，即根据王、韩旧注，详为阐释，其中基本观点均是依循王弼之说（韩康伯注《系辞传》以下亦本王义）间或引用别家说法互为比较参证。所以，统治唐代易学领域的虽是《周易正义》，但起根本影响作用的仍是王弼的易学思想。

孔颖达（574—648），冀州衡水（今属河北）人，字冲远。生于北朝，少时曾经跟从刘焯问学。隋大业初“明经”选用，授河内郡博士。入唐之后，历任国子博士、国子司业、国子祭酒诸职。他主持撰修的《五经正义》，是奉唐太宗之命进行的。

由于唐代科举取士是以《五经正义》为教科书，所以其书影响较大，而在唐代易学界起主导作用的亦为《周易正义》一书。

（二）支流

以李鼎祚《周易集解》为代表，此书广采两汉以迄唐代象数《易》家的注《易》之说，凡得三十余家，其宗旨在于黜玄言、崇象数。李鼎祚，《唐书》未立传，故其事迹未详。据其他少数资料，知其为资州（今四川资阳以南，内江市以北）人，生活年代为天宝以后，曾任秘书省著作郎。他撰辑的《周易集解》，在《周易》象数学尽废的年代，保留了不少这方面的学说。经历唐、宋、元、明诸朝，研究李鼎祚《周易集解》者并不多见，到清代崇尚汉易学者才对之高度重视，成为研讨汉魏象数易学的最重要资料。

三、宋代易学

《周易》学说发展到宋代，又起了一个重大变化，形成与“汉《易》”相对峙的“宋《易》”宋代《易》学，大致可分为三派：

（一）图书之学

此派以道士陈抟开其端，相继传授给刘牧、邵慵等人，以《先天图》《后天图》《河图》《洛书》等图为说，《易》使说研究别生一条途径。

陈抟（？—989），五代末宋初道士，亳州真源（今河南鹿邑）人，字图南，自号扶摇子。后唐长兴（930—933）中，举进士不第，就隐居到武当山。后来又移居华山，与隐士李琪、吕洞宾等为友。后周世宗喜好外丹之术，显德三年（956）曾召见陈抟，向他询问外丹术，遂赐号为“白云先生”。北宋太平兴国年间，来到京师，向宋太宗建议远招贤士，近去佞臣，轻赋万民，重赏三军，太宗颇欣赏，赐号“希夷先生”。平生精于易学，其特点是“不烦文字解说，止有一图，以寓期阴阳消长之数，与卦之生变”。据传曾作《无极图》和《先天图》，前者为道家所主张万物生成是归源“无极”的图说，后者为六十四卦的衍生图式。著有《易龙图》《九室指玄篇》等，均已亡佚。今存题为陈抟所作的《阴真君还丹歌注》，收入《道藏》。

刘牧，北宋衢州西安（今天衢县）人，字先

之。举进士及第，后调州军事推官。曾与州将争论公事，被排挤，险遭杀身之祸。遇范仲淹，刘牧大喜，说“此吾师也”遂拜范为师。范仲淹巡抚河南，荐举刘牧，于是为兖州观察推官。累官荆湖北路转运判官。平生精研《易》学，远承陈抟之传。著有《见解》《卦德通论》《先儒遗论九事》《易学象数钩隐图》。后者今尚存，收入《道藏》及《四库全书》。

邵雍（1010—1077），北宋共城（今河南辉县）人，字尧夫，谥康节。曾隐居苏门山百源之上，后人称为百源先生。朝廷屡征召授官，均不赴。与周敦颐、张载、程颐合称“北宋五子”。接受陈抟一派所传先天象数易学。隐居读书期间，四时耕稼，自给衣食，将其居室名为“安乐窝”，自号“安乐先生”。根据先天象数易理，提出“天地亦有终始”（即毁灭又复生）的观点，并提出用“元会运世”来计算天地历史的方法；认为现世的人类社会已盛极而衰，将历史分为“皇、帝、王、霸”四种时期。主张一代不如一代的历史观。著有《皇极经世》《伊川击壤集》《渔樵问答》等。

（二）专阐儒理

北宋胡瑗、程颐，专以儒家伦理道德阐说《易》义，其说兼取《十翼》与王弼《易》学而广为发挥，自成一派，对后代影响较深。至南宋朱熹，全盘接受程颐的《易》学，又采纳陈抟、“图书”邵雍之学，全面推广阐扬，“宋遂有易”之名与“汉易”相对峙。

胡瑗（993—1059），北宋泰州海陵（今江苏泰县）人，字翼之。世居陕西路安定堡，学者称安定先生。官至太常博士。与孙复、石介提倡“以仁义礼乐为学”，并称“宋初三先生”。主教苏、湖二州20余年，从学者众多。以儒家之理解《易》，著有《周易口义》，由其弟子倪天隐记述师说，故名“口义”，收入《四库全书》。程颐（1038—1107），北宋洛阳（今属河南）人，字正叔，世称伊川先生。官至崇政殿说书。反对王安石新政，哲宗时被列奸党，贬至四川涪州。从事讲学和著述30余年。与其兄程颢同学于周敦颐，同为理学奠基人，合称”二程《易》。专著有《周易程氏传》，承胡瑗之学以儒理解《易》，详述六十四卦的旨趣，唯《系辞传》以下不注。其观点对南宋朱熹颇有影响。后代学者又将程颐的《周易程氏传》与朱熹的《周易正义》合称为《传义》，元、明《易家》多遵循程、朱之说治《易》。

朱熹（1130—1200），南宋徽州婺源（今属江西）人，久居建阳（今属福建）。字元晦，一字仲晦，号晦庵，别号考亭、紫阳。青年时师事李侗，为程颢、程颐的四传弟子。曾任泉州同安主薄、知南康军、秘阁修撰等职。主张抗金，认为“和议有百害而无一利”，强调“蓄锐待时”，反对盲目用兵。平生博极群书，凡经、史著述以及诸子、佛老、天文、地理之学，无不广涉深研。且对各家学说融会贯通，继承并发展二程的思想，集宋代理学之大成，建立起完整的理学体系，与二程合称为“程朱学派”。在《易》学方面的建树，以《周易本义》，成为元、明、清三朝科举考试中长期沿用的《周易》教科书范本。

（三）以史证《易》

南宋李光、杨万里，虽不废胡瑗、程颐以儒理阐《易》的旧风，但更注意援引历代史实，与64

卦、384 爻的义理相互印证，以揭明各卦、各爻的象征旨趣。这种方法，又自成一派，对后代《易》学也颇有影响。自此以后，《易》学派别的分歧，日益增多。

李光，越州上虞（今属浙江）人，字泰发。少年时知礼老成，不喜欢嬉戏，他父亲称赞他说："我的儿子真像云间鹤，将来可能会振兴我们的门弟。"北宋崇宁五年（1106）进士。师事刘安世。入南宋，于高宗时累迁至吏部尚书、参知政事，向朝廷所论谏的均是复国统一的根本大计。因忤逆秦桧而被罢官。卒后谥为庄简。易学著述有《读易详说》，是以史证《易》的第一部专著。

杨万里（1124—1206），南宋吉州吉水（今江西吉水）人，字廷秀，号诚斋。既是文学家，又是思想家。绍兴年间进士。曾官奉新知县、常州知县、广东提点刑狱、左司郎中等。累至秘书监。易学著述有《诚斋易传》，与李光的《读易详说》同为以史证《易》的重要著作。

四、元、明、清易学

自元代至清，《周易》学说的发展大体是在汉、宋两大流派的基础上衍生开拓的。元代《易》学家，大都笃守程颐、朱熹的遗说，如吴澄《易纂言》，胡震《周易衍义》等皆是代表作。明初叶仍是如此，如胡广《周易大全》，蔡清《易经蒙引》等书影响较著。明中叶以后，出现了以“狂禅”解经的学者，如方时化《学易述谈》四卷，总是以禅机作为抒论的要点；徐世淳《易就》六卷，解《易》言辞处处流露出禅家的语调；苏濬《周易冥冥篇》，观其书名，便可知显示着援禅入《易》的特色；至释智旭《周易》禅解，更明言以禅解《易》，是这方面著述的重要代表作。这又是当时《易》学流派的一个旁支。至清代学者辈出，注重汉学，务求征实，如惠栋《周易述》《易汉学》，张惠言《周易虞氏义》即是著名作品。此时，“宋易”遂饱受攻击而渐消沉，风气又为之一变。

元、明、清三朝的《易》家，当举吴澄、智旭、惠栋、张惠言等四人。吴澄（1243—1313），元抚州崇仁（今属江西）人，字幼清。曾任国子司业、翰林学士、经筵讲官。因他所居的寓斋题为“草庐”，学者又称为“草庐先生”。其学说本于南宋朱熹，兼采陆九渊的说法，主张折衷朱、陆。他的《易》著述《易纂言》，是《五经纂言》中的第一种。

智旭（1599—1655），明末高僧，苏州吴县（今属江苏）人。俗姓钟，名际明，字蕅益（一作藕益），号八不道人，又从所居而称灵峰老人。少年时研习儒家经典，誓灭释、老，著有《辟佛论》数十篇。后来读了莲池《自知录序》及《竹窗随笔》，才开始笃信佛教，将过去的论著尽数焚毁。二十四岁就随憨山弟子雪岭剃度出家，改名智旭。此后广涉各宗，主张禅、教、律三学融合，佛、道、儒三教一致。著有《阅藏知津》四十四卷，为研习佛典的入门书。又本着“诱儒以知禅”的宗旨，作《周易禅解》十卷，援引佛理说《易》，所论并非尽涉虚无，颇有可取之处。

惠栋（1967—1758），清苏州吴县（今属江苏）人，字定宇，号松崖，人称为小红豆先生。为著名经学家惠周惕的孙子、士奇的次子。惠家世代笃守古学，而惠栋所得最见精深。早年研究文词、史籍，旁涉诸子百家及佛学、道教，后来专心于经术。《易》学著作《周易述》，继承父辈治《易》传统，专门搜集汉儒《易》说，加以编辑考订，末编附以己见，以发明汉《易》之理，并论述《河图》《洛书》和宋代先天、太极之学的关系；又有《易汉学》一书，罗列汉代主要《易》家的说《易》条例，详加考辨，为研探汉《易》的重要参考书。

张惠言（1761—1802），清江苏武进人。字皋文。嘉庆进士。官翰林院编修。平生治经最重《易》《仪礼》。在《易》学方面，认为汉魏《易》家所传学说唯虞翻之说较为详备，所以专治虞《易》，著有《周易虞氏义》《虞氏消息》《虞氏易礼》《虞氏易侯》；除关于虞氏《易》的著述外，又有《易义别录》《易纬略义》《易图条辨》等传世。

清乾隆间，编修《四库全书》四库馆臣综观《易》学历史的源流变迁，把先秦以来的《易》学发展概括为“两派六宗”。其说指出：《左传》所记诸占，盖犹及太卜之遗法。汉儒言象数，去古未远也；一变而为京、焦，入于禨祥；再变而为陈、邵，务穷造化，《易》遂不切于民用。王弼尽黜象数，说以老、庄；一变而为胡瑗、程子，始阐明儒理；再变而为李光、杨万里，又参证史事，《易》遂日启论端。此两派六宗，已互相攻驳。

这一说法归纳了《易》学史上最有影响的流派。总其大端，即为“象数”、“义理”两派。“象数派”的正宗学说，见于汉魏学者以《易》象（八卦的众多卦象）、《易》数（阴阳奇偶之数）为解《易》途径，既切合占筮的用途，又发挥《易》理的深蕴。“义理派”主于阐明《周易》的哲学大义，王弼以老、庄思想解《易》已开其风，至胡瑗、程颐刚蔚为大观，而李光、杨万里援史证《易》则又将义理《易》说进一步引申推展、发扬光大。

五、现当代易学

辛亥革命以后，易学研究的趋势出现了一个重大变化。即除了继承前人的成果，在“象数”、“义理”两方面进行深入探讨之外，更多的学者注重于接受现代科学理论，从各种新角度探讨《周易》。其中有从史学的角度探讨《周易》的史料价值，有从唯物论和辩证法的角度探讨《周易》的哲学意义，有从文学的角度探讨《周易》的文艺学价值，有从自然科学（包括数学、物理学、化学、天文学、历学、医学、量子力学、生物遗传学等）角度探讨《周易》与诸学科原理的相通之处，有运用不同的方法探讨《周易》经传的名义、作者、创作年代、发源地诸问题等等。这期间出现的较有影响的易学两大家：一是杭辛齐，著作有《易数偶得》《学易笔谈初集》《学易笔谈二集》《易楔》《读易杂识》《愚一斋易说订》《改正揲蓍法》等7种，主于贯通旧学知，蔚为一家之言。二是尚秉和，著有《焦氏易诂》《焦氏易林注》《周易尚氏学》等书，专研易用数之学，创为新说，“解决了旧所不解的不可胜数的《易》象问题”，甚为学术界所推崇。

第四章
六十四卦译文注释

乾卦

(乾为天) 乾上乾下

《乾》：元亨，利贞。

初九：潜龙，勿用。

九二：见龙在田，利见大人。

九三：君子终日乾乾，夕惕若厉，无咎。

九四：或跃在渊，无咎。

九五：飞龙在天，利见大人。

上九：亢龙，有悔。

用九：见群龙无首，吉。

译文：

乾卦：大吉大利，吉祥的占卜。

初九：龙星秋分时潜隐不见，不吉利。

九二：龙星出现在天田星旁，对王公贵族有利。

九三：有才德的君子整天勤勉努力，夜里也要提防危险，但最终不会有灾难。

九四：有些大人君子跳进深潭自杀，并不是他们本身的过失。

九五：龙星春分时出现在天上，对王公贵族有利。

上九：龙星上升到极高的地方，是不吉利的征兆。

用九：卷曲的龙见不到头，是吉利的兆头。

注释：

（1）“乾”是本卦标题。“乾”指北斗星，用来代表天。本卦的内容主要与天有关。

（2）元亨、利贞是两个表示吉祥的贞兆辞，表明是两个吉占。元亨的意思约等于大吉。利贞的意思是吉利的贞卜。

(3) 初九是本卦第一爻名称，以下“九二”、“九三”等也是。“九”代表阳性“⚊”，“六”代表阴性“⚋”。一个卦画由六爻组成，从下向上排列，依次用初、二、三、四、五、上表示，如“六三”、“上六”、“九二”、“上九”等。它们都是表示爻的阴阳性和排列顺序的名称。

(4) 潜龙指秋分时的龙星。性和排列顺序的名称。勿用：不利。

(5) 见（xiàn）：出现。龙：龙星。田：天田。大人：指王公贵族。

(6) 君子：指有才德的贵族。乾乾：勤勉努力。

(7) 夕：夜晚。惕：敬惧。厉：危险。咎；过失、灾难。

(8) 或：有人，指贵族。跃在渊：跳进深潭。

(9) 飞龙：龙星。

(10) 亢：龙升腾到极高处的龙星。有梅：不吉龙星。有悔利的占筮。

(11) 用九：乾卦特有的爻名。《易经》的乾卦和坤卦都多一爻（坤卦为“用六”），专门表示这两卦是全阳、全阴。“用九”表示乾卦的全阳爻将尽变为全阴爻。

（12）群龙：等于说卷龙。龙卷曲起来就见不到头。

坤卦

（坤为地）坤上坤下

《坤》：元亨。利牝马之贞。君子有攸往，先迷，后得主，利。西南得朋，东北丧朋。安贞吉。

初六：履霜，坚冰至。

六二：直、方、大，不习，无不利。

六三：含章，可贞，或从王事，无成有终。

六四：括囊；無咎：無譽。

六五：黄裳，元吉。

上六：龙战于野，其血玄黄。

用六：利永贞。

译文：

坤卦：大吉大利。占问母马得到了吉利的征兆。君子贵族外出旅行、经商，开始时迷了路，后来遇上招待客人的房东。往西南方向走有利，可以获得财物；往东北方向走会丧失财物。占问定居，得到吉利的预兆。

初六：脚下踩到了薄霜，结成坚实冰层的时令就快要到了。

六二：大地的形貌平直、方正、辽阔；虽然去到不熟悉的陌生地方，也不会有什么问题。

六三：周武王战胜殷商，是很好的占卜。有人参与战争，虽然没有战绩，但结局却很好。

六四：把收成装进口袋捆好，收成不好不坏。

六五：黄色裙裤是大吉大利的象征。

上六：龙在旷野上争斗，血流遍地。

用六：这是永久吉利的最好征兆。

注释：

（1）“坤”是本卦标题。“坤”的卦象是6个阴爻，用来表示大地以及阴柔的事物。本卦的内容与人在地上的生活有关。

（2）牝（pìn）马：母马。

(3) 攸（yōu）：所。

(4) 主：主人，这里指接待旅客的房东。

(5) 朋：朋贝，周代的货币。10 枚贝壳串在起就是朋。

(6) 安贞吉：占问定居而得到吉利的预兆。

(7) 直、方、大：指地貌平直、方正、辽阔。

(8) 习：熟悉。

(9) 含章：指周武王伐纣，战胜商纣王。

(10) 可贞：称心如意的占卜。

(11) 王事：大事，指战争。战争和祭祀在古代都是最重要的事。

(12) 括：收束，扎紧。囊：布口袋。

(13) 黄裳：黄色的裙或裤。这是尊贵吉祥的标志。

(14) 玄黄：血流的样子，是说血流得很多。

(15) 用六：坤卦特有的爻名。“用六”表示坤卦的全阴爻将尽变为全阳爻。

屯卦

（水雷屯）坎上震下

《屯》：元亨，利贞。勿用有攸往。利建侯。

初九：磐桓，利居贞。利建侯。

六二：屯如邅如，乘马班如。匪寇，婚媾。女子贞不字，十年乃字。

六三：即鹿无虞，惟入于林中，君子几不如舍，往吝。

六四：乘马班如，求婚媾。往吉，无不利。

九五：屯其膏，小，贞吉；大，贞凶。

上六：乘马班如，泣血涟如。

译文：

屯卦：大吉大利，吉祥的占卜。出门不利。有利于建国封侯。

初九：徘徊难行。占问安居而得到吉利的征兆。有利于建国封侯。

六二：想前进又难于前进，乘着马车在原地回旋。这不是强盗前来抢劫，而是来求婚。占卜的结果是这个女子不能怀孕，10 年之后才能生育。

六三：追捕康鹿时没有熟悉山林的人当向导，正在想进入密林中去。君子很机智，认为不如放弃追捕。进入密林很艰难。

六四：乘着马车在原地回旋，因为是去求婚。

前进的结果吉利，没有什么不利。

九五：把肥肉囤积起来。占问小事吉利，占问大事凶险。

上六：乘着马车在原地回旋，悲痛得血泪流淌不断。

注释：

(1)“屯（zhūn）”是本卦标题。“屯”的意思是困难，卦象是表示雨的“坎”和表示雷的“震”相叠加。本卦的内容是讲各种困难的事情。

(2) 磐（pán）桓（huán）：徘徊难行。

(3) 利居贞：占问安居，得到吉兆。

(4) 屯如邅（zhān）如：想前进又不前进的样子。

(5) 班如：回旋不前进的样子。

(6) 匪寇：不是强盗。

(7) 字：怀孕。

(8) 即：接近。这里指追逐。鹿：麋鹿。虞：掌管山林的官，这里指熟悉山林的人。惟：思考，想。几：当机智的“机”用。吝：很艰难。

(9) 屯：当囤积的“囤”用；膏：肥肉。

(10) 涟如：水波荡漾的样子，这里形容血泪不断地流淌。

蒙卦

（山水蒙）艮上坎下

《蒙》：亨。匪我求童蒙，童蒙求我。初筮告，再三渎，渎则不告。利贞。

初六：发蒙，利用刑人，用说桎梏，以往吝。

九二：包蒙，吉。纳妇，吉。子克家。

六三：勿用取女，见金夫，不有躬。无攸利。

六四：困蒙，吝。

六五：童蒙，吉。

上九：击蒙，不利为寇，利御寇。

译文：

蒙卦：亨通。不是我请教蒙昧愚蠢的人，而是蒙昧愚蠢的人请教我。把第一次占筮的结果告诉了他，他却不恭敬地再三占筮；对不恭敬的占筮，神灵不会告知。吉祥的占卜。

初六：最好利用有罪的奴隶去伐木开荒，因此解开他们身上的枷锁。如果外出，不吉利。

九二：捆扎割下的荒草，吉利。正式礼聘迎娶妻子，吉利。男女一起建立家庭。

六三：不要抢夺女子成婚，碰上拿着武器的人，会丧失性命。这样做没有什么好处。

六四：捆扎荒草。有危险。

六五：砍伐树木。吉利。

上九：割草伐木。充当强盗不利，抵御强盗有利。

注释：

（1）“蒙”是本卦标题。“蒙”的意思是高地上草木丛生。由于“蒙”字在本卦中多次出现，所以用它来作标题。全卦内容主要讲开荒垦植，也涉及到了家庭婚事等。

（2）我：占筮的人。童蒙：蒙昧愚蠢的人，指求筮的人。

（3）渎：不恭敬，这里指亵渎占筮。

（4）发蒙：垦荒时割草伐木。刑人：受过刑的人，指奴隶。

（5）说：等于“脱”。

（6）以：等于“如”，如果。

（7）包蒙：捆扎割下的荒草。

（8）纳妇：迎娶妻子。

（9）克家：建立家庭。

（10）取女：抢夺女子成婚。

（11）金夫：武夫，拿着武器的男人。

（12）不有躬：丧失生命。

（13）困蒙：捆扎荒草。

（14）童蒙：“童”用作“撞击”的“撞”。童蒙的意思是砍伐树木。

（15）击蒙：砍伐树木。

（16）寇：强盗，侵略者。

需卦

（水天需）坎上乾下

《需》：有孚，光亨。贞吉，利涉大川。

初九：需于郊，利用恒，无咎。

九二：需于沙，小有言，终吉。

九三：需于泥，致寇至。

六四：需于血，出自穴。

九五：需于酒食，贞吉。

上六：入于穴，有不速之客三人来，敬之终吉。

译文：

需卦：捉到俘虏。大吉大利，吉祥的占卜。有利于渡过大江大河。

初九：在郊野停留等待，这样长久下去是吉利的，没有危险。

九二：在沙地停留等待，出了一点小过错，最后结果是吉利的。

九三：在泥泞中停留等待，引来了强盗抢劫。

六四：陷入到血污之中，从地穴住处里逃脱出来。

九五：在酒席上留连等待，征兆吉利。

上六：进入地穴住处，来了三个不请自来的客人。主人殷勤地接待他们，结果吉利。

注释：

(1)“需”是本卦标题。“需”的本义是天上下雨，卦象是表示天的“乾”和表示云的“坎”相叠加。本卦因“需”字多次出现，便用它作标题。全卦内容主要是出行和客居。

(2) 孚：本义是俘虏，也指获利。

(3) 光亨：意思是大亨、元亨。

(4) 需：爻辞中“需”的意思是等待，停留。

(5) 用：以，于。恒：常，长久。

(6) 沙：沙地，难走的地。

(7) 言：当作想用，意思是过错。

(8) 泥：泥泞的地方。

(9) 血：血污的地方。

(10) 穴：古时的住所，依地势挖建而成，下半是在地下挖出的小土穴，上半是在地面搭建的屋顶。

(11) 速：请，招。不速：没有邀请。

讼卦

(天水讼) 乾上坎下

《讼》：有孚窒惕，中吉，终凶。利见大人。不利涉大川。

初六：不永所事，小有言，终吉。

九二：不克讼，归而逋。其邑人三百户，

无眚。

六三：食旧德，贞厉，终吉。或从王事，无成。

九四：不克讼，复既命渝。安贞吉。

九五：讼，元吉。

上九：或锡之鞶带，终朝三褫之。

译文：

讼卦：抓获了俘虏，但要戒惧警惕。事情的过程吉利，结果凶险。对王公贵族有利，对涉水渡河不利。

初六：做事不能坚持长久，出了小过错，而结果吉利。

九二：争讼失败，回到采邑，邑中奴隶逃跑了三百户。没有灾祸。

六三：靠从先人那里继承下来的遗产过活。占卜的征兆险恶，结果吉利。如果参与战争，不会获胜。

九四：争讼失败，返回服从判决。占问平安，得到吉兆。

九五：争讼。大吉大利。

上九：君王赏赐官职，但一天之内三次将赐予的官职剥夺。

注释：

（1）“讼”是本卦标题。“讼”的意思是争斗。本卦的内容主要讲人与人之间的纠纷和斗争。

（2）窒；用作“侄”，意思是戒惧。窒惕：戒惧警惕。

（3）永：长久。不永所事：做事不能坚持长久。

（4）克：胜利，成功。

（5）捕（bǔ）：逃亡。邑人：采邑中的人，实际上是奴隶。

（6）眚（shěng）：灾祸，过错。

（7）旧德：从先人那里继承下来的遗产。

（8）厉：艰险。

（9）复：返回。既：服从。命渝：命谕，指判决。

（10）锡：赐。鞶（pán）带：皮革做成的大腰带，供身居要职的贵族佩带，这里借指官位。

（11）终朝：一整天。褫（chì）：剥夺。

师卦

(地水师) 坤上坎下

《师》：贞丈人吉，无咎。

初六：师出以律，否臧凶。

九二：在师中吉，无咎，王三锡命。

六三：师或舆尸，凶。

六四：师左次，无咎。

六五：田有禽。利执言，无咎。长子帅师，弟子舆尸，贞凶。

上六：大君有命，开国承家，小人勿用。

译文：

师卦：占问总指挥的处境，吉利，没有危险。

初六：行军征战要守军纪，不守军纪，必打败仗。

九二：主帅身在军中，吉利，没有灾祸，君王三次下令嘉奖。

六三：军中有人用车运送尸体，战败。

六四：军队驻扎在左边，没有危险。

六五：打猎获取猎物，打仗抓获俘虏，没有灾祸。长官率领军队作战，副官指挥运送伤亡者，贞兆凶险。

上六：国君下令赏功，分封诸侯大夫。不能重用无才德的小人。

注释：

(1)“师”是本卦标题。“师”在这里的意思是指军队。本卦既因“师”字多次出现，又因内容主要与军队出征作战有关，所以用师作标题。

(2)文人：这里的意思是军队的总指挥。

(3)律：军纪，纪律。

(4)否（pǐ）臧（zàng）：不好。这里指不守军纪。

(5)王：君王。锡命：赐命，意思是下令嘉奖。

(6)舆尸：用车运送尸体。

(7)左次：驻扎在左边。

(8)田：田猎，打猎。禽：鸟兽。

(9)执言：意思是抓获俘虏。

(10)长子：指挥作战的长官。

(11)弟子：指挥运送尸体的副官。

(12)大君：国君。

（13）开国：分封诸侯。承家：分封大夫。

比卦

（水地比）坎上坤下

《比》：吉。原筮，元，永贞，无咎。不宁方来，后夫凶。

初六：有孚比之，无咎。有孚盈缶，终来有它，吉。

六二：比之自内，贞吉。

六三：比之匪人。

六四：外比之，贞吉。

九五：显比，王用三驱，失前禽，邑人不诫，吉。

上六：比之无首，凶。

译文：

比卦：吉利。三人同时再占问，占问长久吉凶，没有灾祸。不愿服从的邦国来了，迟迟不来的诸侯要受罚。

初六：抓到俘虏，安抚他们。没有灾祸。抓到俘虏，装满酒饭款待他们。即使有变故，结果吉利。

六二：自己内部团结一致，贞兆吉利。

六三：与不正派的人结党营私。

六四：与外国结盟亲善，贞兆吉利。

九五：广泛亲善。君王打猎时三面包围，只留一面让猎物逃走。邑中百姓毫不惊骇，吉利。

上六：小人互相倾轧，不能团结一心，凶兆。

注释：

(1)“比”是本卦标题。“比”的本义是亲密，在本卦中为一词多义。由于“比”字多次出现，本卦用它来作标题。全卦的内容主要讲交往和团结。

(2) 原筮：再筮，指三人同时再占问。

(3) 不宁方：不安宁的邦国，不愿臣服的邦国。

(4) 后夫：迟到的诸侯。

(5) 比：亲近、安抚。

(6) 缶（fǒu）：瓦盆。盈缶：用瓦盆装满酒饭。

(7) 终来：即使。有它：有变故，有意外。

(8) 比：团结一致。自内：自己内部。

(9) 比：结党营私。匪人：不正派的人。

(10) 外：外部，外国。

(11) 显：外，这里表示广泛。

(12) 王用三驱：君王打猎时让卫队从左右后三面把猎物驱赶到中间以便射猎。

(13) 诫：用作“骇”，惊吓。

(14) 比：互相倾轧。无首：没有头脑，指没有核心。

小畜卦

（风天小畜）巽上乾下

《小畜》：亨。密云不雨。自我西郊。

初九：复自道，何其咎？吉。

九二：牵复，吉。

九三：舆说辐。夫妻反目。

六四：有孚，血去，惕出无咎。

九五：有孚挛如，富以其邻。

上九：既雨既处，尚德载。妇贞厉。月几望，君子征凶。

译文：

小畜卦：吉利。在我西边郊野上空阴云密布，但雨却没有落下来。

初九：沿田间道路返回，没有什么灾祸。吉利。

九二：拉回来。吉利。

九三：车子坏了一个轮子，夫妻俩互相埋怨。

六四：抓到俘虏，免除了担忧，还是要注意提防，不会有灾祸。

九五：抓到俘虏后把他们紧紧捆住，与邻村邻族共同分享快乐。

上九：雨已降下，又已停止，还可以栽种作物。女子占问得到凶兆。月亮已是接近十五时的满月，君子离家出行，贞兆凶险。

注释：

(1) “小畜”是本卦标题。“畜”的意思是田地里谷物滋生，草木茂盛。卦象是表示天的“乾”和表示风的“巽”相叠加，卦辞、爻辞主要讲农业生活。本卦标题是根据内容加的。

(2) 我：王公贵族的自称。

(3) 复：返回。道：田间的道路。

(4) 牵复：拉回来。

(5) 舆：车。说：用作“脱”。辐：车轮上的辐条，这里指车轮。

(6) 血：用作“恤”，意思是担忧。惕：提防。

(7) 挛如：捆绑得很紧的样子。

(8) 富：用作“辐”。

(9) 既：已经。处：停止。

(10) 德：“得”的意思。载：用作“栽”。尚德载：还可以栽种作物。

(11) 几：接近。望：农历每个月十五日月圆的时候，也叫做月望。

履卦

(天泽履) 乾上兑下

《履》：履虎尾，不咥人。亨。

初九：素履往，无咎。

九二：履道坦坦，幽人贞吉。

六三：眇能视，跛能履，履虎尾，咥人，凶。

武人为于大君。

九四：履虎尾，愬愬，终吉。

九五：夬履，贞厉。

上九：视履考祥，其旋元吉。

译文：

（履卦）：踩到老虎尾巴，老虎不咬人。吉利亨通。

初九：行为清正纯洁，如此下去，没有灾祸。

九二：为人处世胸怀坦荡，即使无故蒙冤也会有吉祥的征兆。

六三：眼睛不好却能看，跛了脚却能走路。踩到老虎尾巴，老虎咬人，征兆凶险。军人掌握政权成为国君，也是凶兆。

九四：踩到老虎尾巴，让人害怕，但结果还是吉利。

九五：行为莽撞急躁，占问得到不利之兆。

上九：行为小心谨慎，反复仔细考虑，大吉大利。

注释：

(1) 本卦标题是"履"。原经文卦象后无"履"字。"履"的意思是踩踏，引申为行为和行为准则。由于"履"字在本卦中出现次数多，所以用它作为标题。全卦内容主要讲人的行为修养。

(2) 咥（díe）：咬。

(3) 素：洁白，引伸为纯洁。素履；行为清正纯洁。

(4) 履道：这里指人的行为修养。坦坦：宽广坦荡。

(5) 幽人：被监禁的人。

(6) 眇（miǎo）：一只眼睛小。

(7) 大君：国君。

(8) 愬愬（sù）：恐惧的样子。

(9) 夬（guài）："快"的本字，意思是快速。夬履：意思是行为莽撞急躁。

(10) 视：察看，审视。视履：意思是行为审慎。

(11) 考祥：全面仔细地考虑。旋：反复。

泰卦

（地天泰）坤上乾下

《泰》：小往大来，吉，亨。

初九：拔茅茹以其汇。征吉。

九二：包荒，用冯河，不遐遗。朋亡，得尚于中行。

九三：无平不陂，无往不复。艰贞无咎。勿恤其孚，于食有福。

六四：翩翩，不富以其邻，不戒以孚。

六五：帝乙归妹，以祉元吉。

上六：城复于隍，勿用师，自邑告命。贞吝。

译文：

泰卦：由小利转为大利，吉利亨通。

初九：拔掉茅茹草，按它的种类特征来分辨。前进，吉利。

九二：把匏瓜挖空，用它来渡河，不至于下沉。财物损失了，半路上又得到别人帮助。

九三：平地总会变成起伏的斜坡，外出离开

终归要返回。占问旱情，没有灾难。不用担心，相信会有粮食吃，会有福份。

六四：骗人说大话，使邻近的人一同遭殃，没有提防，还有人成了俘虏。

六五：殷王帝乙把女儿嫁给周文王，因此得福，大吉大利。

上六：城墙被攻破，倒塌在城濠中。从邑中传来命令，要停止进攻。占问得到不吉利的征兆。

注释：

(1)“泰”是本卦标题。“泰”的意思是交通和畅，卦象为表示地的“坤”和表示天的“乾”相叠加，以示阴阳交通和畅。全卦内容主要讲对立面的相互转化。

(2)小往大来：失去的小，得到的大。

(3)茅茹：一种可作红色染料的草。

(4)汇：种类。

(5)包：用作“匏”，指匏瓜。荒：空。包荒：将匏瓜挖空（用来绑在身上渡河）。

(6) 冯（píng）用作“淜”，徒步过河叫淜。

(7) 不遐：不至于。遗：下落，下沉。

(8) 得尚：得到帮助。中行：中途，半路上。

(9) 陂：斜坡。

(10) 艰：通“旱”。艰贞：占问旱灾。

(11) 孚：相信。其孚于食：相信粮食不成问题。

(12) 翩翩：用作“谝谝”，意思是巧言善辩，说大话。

(13) 富：用作“福”。不富：遭殃。以：连累。

(14) 戒：警惕。孚：俘虏。

(15) 帝乙：殷代最后第二个帝王，纣王的父亲。归：嫁。妹：少女。

(16) 祉（zhǐ）：福。以祉：有福，得福；隍：没有水的护城濠（有水的护城濠叫池）。

否卦

（天地否）乾上坤下

《否》：否之匪人，不利君子贞，大往小来。

初六：拔茅茹以其汇。贞吉，亨。

六二：包承，小人吉，大人否。亨。

六三：包羞。

九四：有命，无咎，畴离祉。

九五：休否，大人吉。其亡其亡，系于苞桑。

上九：倾否，先否后喜。

译文：

（否卦）：做坏事的是小人，这是对君子不利的征兆。由大利转为小利。

初六：拔掉茅茹草，按它的种类特征来分辨。征兆吉利、亨通。

六二：庖厨中有肉，这对平民百姓是好事，对王公贵族算不上好事。

六三：庖厨中有美味。

九四：君王有赏赐的命令，没有灾祸，但不知得到赏赐的人是谁。

九五：不要干坏事，王公贵族知道就好。多么危险呵，国家命运就像系在苞草和桑枝上一样。

上九：干坏事要倒霉。先碰上恶运，最后还是可以交好运。

注释：

（1）本卦的标题是“否（pǐ）”。原经文卦象后无“否”字。“否”的意思是闭塞，不好，与“泰”的意思相反。卦象是表示天的“乾”和表示地的“坤”相叠加，以示阴阳阻塞，不相通畅。全卦内容仍然是讲对立面相互转化的道理。

（2）否：不好，这里指做坏事。匪人：败类，小人。

（3）包：用作“庖”，指庖厨。承：用作“脀”，意思是肉。

（4）羞：即“馐”的本字，意思是美味。

（5）有命：君王有赏赐的命令。

（6）畴：谁。离：受到，得到。祉：福。

（7）休否：不要干坏事。

（8）亡：危险，败亡。其亡其亡：危险到了极点。

（9）苞桑：苞草和桑树枝。

（10）倾：覆灭，倒下。倾否：干坏事要倒霉。

同人卦

（天火同人）乾上离下

《同人》：同人于野，亨。利涉大川。利君子贞。

初九：同人于门，无咎。

六二：同人于宗，吝。

九三：伏戎于莽，升其高陵，三岁不兴。

九四：乘其墉，弗克攻，吉主

九五：同人先号啕而后笑，大师克，相遇。

上九：同人于郊，无悔。

译文：

（同人卦）：在郊外聚集众人，吉利。有利于渡过大江大河。对君子有利的占问。

初九：在王门前聚集众人，没有灾祸。

六二：在宗庙聚集众人，不吉利。

九三：把军队隐蔽在密林草丛中，并占领了制高点，但却长时间不能取胜。

九四：登上敌方的城墙，仍然没有把城攻下。吉利。

九五：会集起来的众人先大声哭喊，然后欢笑，因为大军及时赶到，转败为胜。

上九：在郊外聚集众人没有悔咎。

注释：

（1）本卦的标题是“同人”。原经文卦象后没有“同人”二字。“同”的意思是聚合，“同人”就是聚合众人。由于“同人”二字出现的次数多，本卦用来作标题。全卦的内容专门讲作战打仗。

（2）野：郊外。古时称邑外为郊，郊外为野。

（3）门：这里指王门。古时遇到国家大事，常在王门前聚众训话、誓师、演练等。

（4）宗：祭祖祖先的宗庙。

（5）戎：军队。伏戎：把军队隐蔽起来。莽：茂密的树林草丛。

（6）高陵：高地。

（7）三岁：三年，这里指多年。兴：举，起，这里指夺取。

（8）乘：登上。墉（yōng）：城墙。
（9）号咷（táo）：嚎陶，大声哭喊。

大有卦

（火天大有）离上乾下

《大有》：元亨。

初九：无交害匪咎。艰则无咎。

九二：大车以载，有攸往，无咎。

九三：公用亨于天子，小人弗克。

九四：匪其彭，无咎。

六五：厥孚交如威如，吉。

上九：自天佑之，吉，无不利。

译文：

大有卦：大亨大通。

初九：不要互相侵害，没有灾祸。即使天旱，也没有灾祸。

九二：大车大车的装载收成。有所往，没有灾祸。

九三：天子设宴款待群臣。小人不能参与。

九四：用太阳晒男巫以求雨。没有灾祸。

六五：把抓到的俘虏紧紧捆住，但还是气势
　　　汹汹，不肯屈服。吉利。

上九：上天保佑。吉利，没有不吉利。

注释：

（1）“大有”是本卦标题。“有”的意思是丰收，“大有”就是大丰收。全卦的内容同农业丰收有关。

（2）交害：互相侵害。

（3）艰：天旱，旱灾。

（4）公：指众大臣。亨：同“享”，意思是宴会。

（5）匪：用作“昲”，意思是用太阳晒。彭：用作“尪”（wāng），意思是跛足的男巫。

（6）厥：其。孚：俘虏。交：同“绞”，这里指捆绑。交如：捆绑得很紧的样子。威如：气势汹汹的样子。

谦卦

（地山谦）坤上艮下

《谦》：亨。君子有终。

初六：谦谦君子，用涉大川，吉。

六二：鸣谦，贞吉。
九三：劳谦君子，有终，吉。
六四：无不利，撝谦。
六五：不富以其邻，利用侵伐，无不利。
上六：鸣谦，利用行师征邑国。

译文：

谦卦：亨通。君子谦让将会有好结果。
初六：谦虚再谦虚是君子应当具备的品德。有利于渡过大江大河，吉利。
六二：明智的谦让。吉祥的占卜。
九三：勤劳刻苦地谦让，君子会有好结果。吉利。
六四：没有什么不利，奋勇向前而又谦让。由于不警惕使邻人一起遭殃，应当讨伐来犯之敌。没有什么不利。
上六：明智而谦让，有利于出兵讨伐邑国。

注释：

（1）“谦”是本卦标题。“谦”的意思是谦虚、谦让。全卦内容主要讲道理上的谦虚、谦让，并且“谦”字多次出现，所以用它来作标题。

(2) 有终：拥有好结果，有所成就。

(3) 用：有利，利于。

(4) 鸣：用作“明”，意思是明智的。

(5) 劳：勤劳，刻苦。

(6) 伪（huī）：用作“挥”，意思是奋勇向前。

(7) 侵伐：这里的意思是讨伐敌人。

(8) 行师：出兵作战。

豫卦

（雷地豫）震上坤下

《豫》：利建侯行师。

初六：鸣豫，凶。

六二：介于石，不终日，贞吉。

六三：盱豫，悔，迟有悔。

九四：由豫，大有得，勿疑。朋盍簪。

六五：贞疾，恒不死。

上六：冥豫，成有渝。无咎。

译文：

豫卦：有利于封侯建国，出兵作战。

初六：白天做事犹豫不决，凶险。

六二：夹在了石缝中不到一天被救出来。占得吉兆。

六三：思想迟钝糊涂足以让人后悔；行动缓慢不定，更使人后悔莫及。

九四：经商先犹豫不决，反复考虑觉得会有大收获，便不再疑虑。后来把得到的朋贝制成头饰。

六五：占问疾病，会痊愈并长久不死。

上六：晚上反复考虑，事情是成功还是有变故。结果没有变故。

注释：

（1）“豫”是本卦标题。“豫”的意思是犹豫、疑虑和预计、熟虑。全卦内容主要讲人的思想行为。“豫”既是多见词，又与内容有关，所以用它来作标题。

（2）鸣：用作“明”，意思是明亮，这里把白天。

（3）介：夹。

（4）盱：意思是缓慢。

（5）由豫：即犹豫。

（6）得：得到朋贝（货币）。

（7）盍（hé）：合。簪：古时盘头发的一种头饰。朋盍簪：用朋贝作成簪笄。

（8）冥：晚上。

（9）渝：变故。

随卦

（泽雷随）兑上震下

《随》：元亨，利贞，无咎。

初九：官有渝，贞吉，出门交有功。

六二：系小子，失丈夫。

六三：系丈夫，失小子，随有求，得。利居贞。

九四：随有获，贞凶。有孚在道，以明，何咎？吉

九五：孚于嘉，吉。

上六：拘系之，乃从维之，王用亨于西山。

译文：

随卦：大吉大利，吉利的占卜，没有灾祸。

初九：旅馆中发生了变故，但占得吉利。出门同行互相帮助有好处。

六二：抓住了少年的奴隶，成年的奴隶逃跑了。

六三：抓住了成年的奴隶，年少的奴隶逃跑了。结伴出门经商是为了获利。占问居住处得到吉兆。

九四：商人结伴出门是为了获利，占问得到凶兆。押送俘虏上路，互相订立了盟约，没有灾祸。

九五：俘虏了嘉国的人，吉利。

上六：把俘虏拘禁起来，紧紧捆住。周文王在歧山把他们作人牲祭祀神灵。

注释：

(1)“随”是本卦标题。“随”的意思是顺从、相随。全卦的内容讲商人出门做生意和贩卖奴隶的情况。

(2) 官：古“馆”字，指馆舍，旅馆。

(3) 交：交往，这里指互相帮助。

(4) 小子：这里指年龄小的奴隶。

(5) 丈夫：这里指成年的奴隶。

(6) 求得：意思是希望获得利益。

(7) 明：这里用作“盟”，意思是订立盟约。

(8) 嘉：周代一个小国的名称，也称“有嘉”。

(9) 维：捆绑。

(10) 王：指周文王。西山：指岐山。

蛊卦

(山风蛊) 艮上巽下

《蛊》：元亨。利涉大川，先甲三日，后甲三日。

初六：干父之蛊，有子，考无咎。厉，终吉。

九二：干母之蛊，不可贞。

九三：干父小有晦，无大咎。

六四：裕父之蛊，往见吝。

六五：干父之蛊，用誉。

上九：不事王侯，高尚其事。

译文：

蛊卦：大吉大利。有利于渡过大江大河。在甲日前三天的辛日和甲日后三天的丁日出发。

初六：能继承父亲的事业，就是孝顺的儿子。没有灾难，虽有危险，结果还是吉利。

九二：继承母亲的事业，吉凶无法占问。

九三：继承父亲的事业，虽有小过错，但没有大灾祸。

六四：发扬光大父亲的事业，实行起来会有困难。

六五：继承父亲的事业，得到了赞誉。

上九：不为国君公侯服务，一心看重继承父业。

注释：

(1)“蛊（gǔ）”是本卦标题。“蛊”的意思是“事”。全卦的内容主要讲儿子继承父业的事。由于“蛊”是全卦中的多见词，所以用它来作标题。

(2) 先甲三日，后甲三日：这是占问日期。古人记录时间的方法是；每年十二个月，每个月分三旬，每旬为十天，这十天依次用甲、乙、丙、丁、戊、己、庚、辛、壬、癸十个字表示。按照这种方法，先甲三日就是辛日，后甲三日就是丁曰。

(3) 干：用作“贯”，意思是继承，这里指继承父业。

(4) 考：用作“孝”，子考就是儿子孝顺。

(5) 裕：发扬光大。

(6) 吝：艰难。

(7) 用誉：得到赞誉。

临卦

(地泽临) 坤上兑下

《临》：元亨，利贞。至于八月有凶。

初九：咸临，贞吉。

九二：咸临，吉，无不利。

六三：甘临，无攸利；既忧之，无咎。

六四：至临，无咎。

六五：知临，大君之宜，吉。

上六：敦临，吉，无咎。

译文：

临卦：大吉大利，占问得吉利。到了八月天旱，有凶兆。

初九：用感化政策治民，征兆吉利。

九二：用温和政策治民，吉利，没有什么不吉利。

六三：用钳制政策治民，没有什么好处。如果忧民之所忧，就没有灾祸。

六四：亲自处理国事，没有灾祸。

六五：用聪明睿智治民，是国君应该做到的。吉利。

上六：以敦厚诚实治民，吉利，没有灾祸。

注释：

（1）“临”是本卦标题。“临”的意思是从高处往下看和治理。全卦内容主要讲治民之术。“临”是卦中多见字，又与内容有关，所以用作标题。

（2）至于八月，有凶：到了八月天旱，有凶兆。

这里用天旱盼雨喻民盼治。

(3) 咸：用作“感”，意思是感化，这里指感化政策。

(4) 咸：这里用作“诚”，意思是温和，指温和政策。

(5) 甘：作用“钳”，意思是钳制，指钳制政策。

(6) 至临：亲自处理国事。

(7) 知：智，明智。

(8) 敦：敦厚诚实。

观卦

(风地观) 巽上坤下

《观》：盥而不荐。有孚颙若。

初六：童观，小人无咎，君子吝。

六二：窥观，利女贞。

六三：观我生，进退。

六四：观国之光，利用宾于王。

九五：观我生，君子无咎。

上九：观其生，君子无咎。

译文：

观卦：祭祀时灌酒敬神，不献人牲，因为作祭牲的俘虏头青脸肿，不宜敬神。

初六：看问题幼稚无知，这对小人来说没有什么，但对君子就有害了。

六二：目光短浅，这是对女子有利的兆头。

六三：体察亲族的动向，由此决定政策措施。

六四：观察国家政绩大小，以选择可以朝觐的君王。

九五：体察亲族的意向，君子从政就不会有困难。

上九：体察其他部族的意向，君子从政就不会有困难。

注释：

（1）“观”是本卦标题。“观”的意思是观察、观看。全卦的内容与政治统治有关。“观”在卦中多次出现，也与所讲内容有关，所以用它来作标题。

（2）盥（guàn）：古代祭祖时用酒灌地迎神。荐：

献，指祭祖时的献牲。

(3) 颙（yóng）若：头大的样子，这里是指俘虏的头被打肿了。

(4) 童：儿童，这里指幼稚无知。

(5) 窥观：一孔之见。

(6) 我生：我姓，指亲族。进退：行动，这里指政策措施。

(7) 光：光耀，这里指政绩光耀。宾：作宾客，这里指朝觐。

(8) 其生：其他姓氏，指别的部落氏族。

噬嗑卦

(火雷噬嗑) 离上震下

《噬嗑》：亨。利用狱。

初九：屦校灭趾，无咎。

六二：噬肤灭鼻，无咎。

六三：噬腊肉遇毒，小吝，无咎。

九四：噬干胏，得金矢。利艰贞，吉。

六五：噬乾肉得黄金。贞厉，无咎。

上九：何校灭耳，凶。

译文：

噬嗑卦：亨通。有利于施用刑罚。

初九：足上戴着刑具，遮住了脚趾，没有灾祸。

六二：大吃鲜鱼嫩肉，连鼻子也被遮住了，没有灾祸。

六三：吃干腊肉中了毒，出了小问题，但没有灾难。

九四：啃带骨头的干肉，发现肉中有铜箭头。占问旱灾，吉利。

六五：吃干肉，发现铜箭头。占得凶兆，但没有灾祸。

上九：脖上戴着刑具，遮住了耳朵，凶险。

注释：

(1) “噬嗑（shì hé）”是本卦的标题。“噬嗑”的意思就是吃喝，读音和意义与“吃喝”一样。全卦内容是讲与饮食有关的事。“噬嗑”是卦中多见词，且与内容有关，所以用作标题。

(2) 狱：刑罚。

(3) 屦（jù）：拖，拉。校：木制的刑具，这里指加在足上的桎。灭：遮盖。

(4) 肤：肥美的肉，这里指鲜鱼嫩肉。

(5) 干胏（zǐ）：带骨头的干肉。

(6) 金矢：铜制箭头。

(7) 黄金：指铜箭头。

(8) 何：用作“荷”，意思是负戴。校：这里指加在脖子上的刑具枷。

贲卦

(山火贲) 艮上离下

《贲》：亨。小利有攸往。

初九：贲其趾，舍车而徒。

六二：贲其须。

九三：贲如，濡如，永贞吉。

六四：贲如皤如，白马翰如。匪寇，婚媾。

六五：贲于丘园，束帛戋戋，吝，终吉。

上九：白贲，无咎。

译文：

贲卦：亨通。外出有小利。

初九：把脚上穿戴好，不坐车而徒步行走。

六二：把胡须修饰好。

九三：奔跑得满身大汗。占问长久吉凶得吉兆。

六四：一路奔跑，太阳晒得像火烧，白马昂头飞驰。不是来抢劫，而是来娶亲。

六五：跑到丘园，送上一束束布帛。遇到了困难，结果还是吉利。

上九：送上白色大肥猪，没有灾祸。

注释：

（1）“贲（bì）”是本卦标题。“贲”的意思是装饰，文饰。在本卦中，“贲”还借用为“奔”和“豮”。全卦内容主要讲婚嫁之事，作标题的“贲”字为卦中多见词。

（2）贲：文饰。

（3）徒：徒步行走。

（4）贲：借用为“奔”。濡：汗湿。

（5）贲：借用为“奔”。皤（pó）：用作“燔”，意思是焚烧。

（6）翰：马头高昂，这里指马飞驰的样子。

（7）丘园：指女家附近的地方。

（8）束：五匹帛为一束。戋戋：一大堆的样子。

（9）贲：借用为“豮”，意思是大猪。

剥卦

（山地剥）艮上坤下

《剥》：不利有攸往。

初六：剥床以足，蔑贞凶。

六二：剥床以辨，蔑贞凶。

六三：剥之，无咎。

六四：剥床以肤，凶。

六五：贯鱼以宫人宠，无不利。

上九：硕果不食，君子得舆，小人剥庐。

译文：

剥卦：不利于外出。

初六：床足脱落了。不必占问，凶险。

六二：床权脱落了。不必占问，凶险。

六三：床离散了，没有灾祸。

六五：宫人射中了鱼，得到参加祭祀的荣宠。没有什么不利。

上九：劳动果实自己不能享受，君子却出门有车坐，百姓要离开自己的草屋。

六四：床上的席子没有了，凶险。

注释：

（1）“剥”是本卦标题。“剥”的意思是击打、分离、掉落。全卦的内容同政治有关。“剥”是卦中多见词，所以用作标题。

（2）剥：脱落。

（3）蔑：无不用。

（4）辨：用作“牑”，意思是床板。

（5）之：代词，指床。

（6）肤：这里指床上的席子。

（7）贯鱼：射中了鱼。

（8）剥：离开。庐：草房子。

复卦

（地雷复）坤上震下

《复》：亨。出入无疾。朋来无咎。反覆其道，七日来复，利有攸往。

初九：不远复，无祇悔，元吉。

六二：休复，吉。

六三：频复，厉，无咎。

六四：中行独复。

六五：敦复，无悔。

上六：迷复，凶，有灾眚。用行师，终有大败，以其国君凶，至于十年不克征。

译文：

复卦：亨通。外出回家不会生病。赚了钱而没有灾祸。路上往返很快，七天就可以了。有利于出门。

初九：没走多远就返回来了，没有大问题，大吉大利。

六二：完满而归，吉利。

六三：愁眉苦脸地回来，遇到了危险，却没

有灾祸。

六四：独自一人半路返回。

六五：匆忙返回，没有大问题。

上六：迷路难返，凶险，有灾难。出兵作战，结果将会大败，并连累到国君，凶险。十年都不能恢复作战能力。

注释：

（1）“复”是本卦标题。“复”的意思是往返。全卦内容是讲行旅。“复”与内容有关，又是卦中多见词，所以用作标题。

（2）朋：朋贝，指货币，钱财。

（3）祇：大。

（4）休：美满。

（5）频：用作“颦”，意思是皱眉头。

（6）中行：中途，半路。

（7）敦：匆忙，急迫。

（8）眚（shěng）：灾祸，过错。

无妄卦

（天雷无妄）乾上震下

《无妄》：元亨，利贞。其匪正有眚，不利有攸往。

初九：无妄往，吉。

六二：不耕获，不菑畬，则利用攸往。

六三：无妄之灾，或系之牛，行人之得，邑人之灾。

九四：可贞。无咎。

九五：无妄之疾，勿药有喜。

上九：无妄行，有眚，无攸利。

译文：

无妄卦：大亨大通，吉利的占问。如果思想行为不正当，就会有灾祸。不利于外出有所往。

初九：不要有不合正道的行为，吉利。

六二：不耕种就要收获，不开垦荒地就想耕种熟地。妄想者的行为难道有利吗？

六三：意料之外的灾祸。有人将牛拴住，过路的人顺手把牛牵走了，邑人丢牛得了意外之灾。

九四：利于占问，没有灾祸。

九五：得了病不胡思乱想，不吃药也会痊愈。

上九：不要妄行。妄行有灾，没有什么好处。

注释：

（1）“无妄”是本卦的标题。“妄”的意思是乱、不正。“无妄”就是不要有不合正轨行为。全卦的内容是讲行为修养要合于正轨，不能乱来。“无妄”是卦中多见词，又与内容有关，所以用作标题。

（2）菑（zī）：新开垦的荒地。

（3）畬（yú）：耕种了三年的熟地。

（4）无妄：意料之外。

大畜卦

（山天大畜）艮上乾下

《大畜》：利贞。不家食吉。利涉大川。

初九：有厉，利巳。

九二：舆说輹。

九三：良马逐，利艰贞，曰闲舆卫，利有攸往。

六四：童牛之牿，元吉。

六五：豮豕之牙，吉。

上九：何天之衢，亨。

译文：

大畜卦：吉利的占卜。不在家里吃饭，吉利。有利于渡过大江大河。

初九：有危险，有利于祭祀神鬼。

九二：车上的车轮脱掉了。

九三：良马交配繁殖。占问旱灾得到吉兆。每天练习车战防卫。有利于出门行旅。

六四：用木架架住公牛的角，大吉大利。

六五：用围栏圈住奔突的大猪，吉利。

上九：得到上天的福禄，大吉大利。

注释：

（1）“大畜”是本卦的作题。“畜”的意思是聚积，“大畜”就是积蓄很多。全卦内容与农业和畜牧业有关。

（2）不家食：不在家里吃饭。

（3）巳：用作“祀”，祭祀。

（4）说：用作“脱”。輹：用作“辐”，这里指车轮。

(5) 逐：交配。马在交配时要奔跑追逐。

(6) 闲：用作"娴"，意思是熟练、熟悉。舆卫：车战中的防卫。

(7) 童牛：犝牛，即公牛。牿（gǔ）：牛角上的木架。

(8) 豮（fén）豕：奔突的大猪。牙：用作"互"，意思是猪栏。

(9) 何；用作"荷"，意思是承受。衢：福禄。

颐卦

（山雷颐）艮上震下

《颐》：贞吉。观颐，自求口实。

初九：舍尔灵龟，观我朵颐，凶。

六二：颠颐拂经于丘颐，颐征，凶。

六三：拂颐，贞凶，十年勿用，无攸利。

六四：颠颐，吉。虎视眈眈，其欲逐逐，无咎。

六五：拂经，居贞吉，不可涉大川。

上九：由颐，厉，吉。利涉大川。

译文：

颐卦：占得吉兆。研究养生之道，要靠自己解决粮食问题。

初九：你自己放着大量财物，还来窥视我的衣食。凶险。

六二：要解决生计问题，就得在山坡上垦荒开田。为了生计而去抢劫粮食，凶险。

六三：违背养生之道，占得凶兆。十年都很倒霉，没有什么好处。

六四：解决生计问题靠自己，吉利。像老虎一样盯住别人的衣食，想一下子扑过去抢夺。没有灾祸。

六五：垦荒开田，有利于定居的占问。不能渡大江大河。

上九：遵循养生之道，先艰难后吉利。有利于渡过大江大河。

注释：

（1）“颐（yí）”是本卦的标题。“颐”的意思是养育，同饮食营养有关。全卦内容主要讲养生之道。“颐”是卦中多见词，又与内容有关，所以用它作标题。

（2）观：观察，研究。

（3）口实：口中的食物，口粮。

（4）舍：放置。灵龟：用于占卜，所以十分贵重。这里代指财宝、财富。

（5）朵颐：朵，动的意思，颐动即为咀嚼之意，指饮食之事。

（6）颠：用作“填”，意思是塞。

（7）拂经：开垦荒地。

（8）颐征：为了生计而去抢劫粮食。

（9）拂：违背。

（10）眈眈：盯得紧的样子。

（11）逐逐：动得快的样子。

（12）由：遵循。

大过卦

（泽风大过）兑上巽下

《大过》：栋桡，利有攸往，亨。

初六：藉用白茅，无咎。

九二：枯杨生稊，老夫得其女妻，无不利。

九三：栋橈，凶。

九四：栋隆，吉。有它，吝。

九五：枯杨生华，老妇得其士夫，无咎无誉。

上六：过涉灭顶，凶。无咎。

译文：

大过卦：屋梁被压弯了。有利于出门行旅，亨通。

初六：用白茅铺垫以示恭敬，没有灾祸。

九二：枯萎的杨树重新发芽，老头儿娶了年轻女子为妻。没有什么不吉利。

九三：屋梁压弯了，凶险。

九四：屋梁隆起不弯，吉利。但有意外事故，不妙。

九五：枯萎的杨树重新开花，老妇人嫁了一个年轻丈夫。没有灾祸也没有好处。

上六：渡河涉水，水淹过了头顶，凶险，但没有灾祸。

注释：

(1)“大过”是本卦的标题。“大”的意思是太，

“大过”就是太过。全卦的内容是讲一些过了头的事，标题是按内容取的。

(2) 橈（náo）：弯曲。

(3) 藉：席，用作铺垫。白茅：一种柔软洁白，较贵重的草。

(4) 梯：用作“荑”，意思是草木新生、发芽。

(5) 隆：中间高起来。

(6) 它：指意外的事故。

(7) 灭顶：水淹过头顶。

习坎卦

(坎为水）坎上坎下

《习坎》：有孚维心，亨。行有尚。

初六：习坎，入于坎，窞，凶。

九二：坎有险，求小得。

六三：来之坎，坎险且枕，入于坎，窞，勿用。

六四：樽酒簋贰用缶，纳约自牖，终无咎。

九五：坎不盈，祇既平，无咎。

上六：系用徽纆，寘于丛棘，三岁不得，凶。

译文：

习坎卦：抓到俘虏。用好话劝说他们，亨通。路途中遇到帮助。

初六：坎坑重坎坑，陷入重坑之中。凶险。

九二：坎坑有危险，为了小收获只得冒险。

六三：来到坎坑，坎坑又险又深。陷入重坑之中，非常不利。

六四：用陶樽陶簋装酒饭，关在坎窖中的俘虏从窗户拿进送出。结果没有危险。

九五：坎坑没有被填满，小山丘被挖平了。没有灾祸。

上六：用绳索把犯人捆住，关进四周有丛棘的监狱中，多年还不能使犯人屈服，凶险。

注释：

（1）本卦的标题是“坎”。“习坎”的意思是重坎，是说卦象为两个坎卦相叠加。标题省去习字是为了方便称呼。“坎”的意思是坑、陷阱。全卦内容主要讲从渔猎时代到农业时代的社会发展变化，用多见词“习坎”作标题。

（2）尚：帮助。

（3）窞（dàn）：双重坎坑。

（4）之：至，到达。

（5）枕：用作“沈”，意思是深。

（6）樽：装酒的器皿。簋（guǐ）：装饭的器皿。簋贰：两碗饭。

（7）缶：陶制的器皿。约：取。牖（yǒu）：窗户。

（8）祗：应为“坻’，意思是小山丘。

（9）系：捆绑。徽纆（mò）：绳索。三股叫徽，两股叫纆。

（10）丛棘：这里指监狱。古代监狱外面围上荆棘，以防犯人逃跑，所以用“丛棘”代指监狱。

离卦

（离为火）离上离下

《离》：利贞。亨。畜牝牛吉。

初九：履错然，敬之无咎。

六二：黄离，元吉。

九三：日昃之离，不鼓缶而歌，则大耋之嗟，凶。

九四：突如，其来如，焚如，死如，弃如。

六五：出涕沱若，戚嗟若，吉。

上九：王用出征，有嘉折首，获匪其丑，无咎。

译文：

离卦：吉利的卜问，亨通。饲养母牛，吉利。

初九：听到错杂的脚步声，马上警惕戒备，没有灾祸。

六二：天空中出现黄霓，是大吉大利的征兆。

九三：黄昏时天空出现虹霓，人们齐声高叫，没有唱歌时的乐器伴奏，老人们悲哀叹息。这是凶兆。

九四：敌人突然袭击，见房就烧，见人就杀，使这里变成一片废墟。

六五：泪如雨下，忧伤叹息。吉利。

上九：在王的率领下反击敌人，将有嘉国君斩首，抓获了很多俘虏。没有灾祸。

注释：

（1）“离”是本卦的标题。“离”的意思是“罹”，即遭遇灾祸。全卦内容主要讲战祸，标题与内容有关。

（2）履：步履，这里指脚步声。错然：杂乱的样子。

（3）敬：用作“儆”，意思是警戒。

（4）离：这里用作“螭”，意思是龙，指天上像龙形的云、虹，即霓。黄离就是黄霓。

（5）昃（zè）：太阳偏西。

（6）缶：陶制的乐器。

（7）大耋（dié）：老头儿。七十岁叫耋。

（8）弃：使……变成废墟。

（9）涕：眼泪。沱若：泪如雨下的样子。

（10）戚：忧伤。嗟：叹息。

（11）有嘉：周代的小国嘉。折首；意思是斩首。

（12）匪：用作“彼”。丑：众，这里指敌方。

咸卦

（泽山咸）兑上艮下

《咸》：亨。利贞。取女吉。
初六：咸其拇。
六二：咸其腓，凶。居吉。
九三：咸其股，执其随，往吝。
九四：贞吉。悔亡。憧憧往来，朋从尔思。
九五：咸其脢，无悔。
上六：咸其辅颊舌。

译文：

咸卦：亨通，吉利的占问。娶女为妻。吉利。
初六：脚大拇趾受了伤。
六二：小腿肚子受了伤，凶险。定居下来，吉利。
九三：大腿和大腿下部的肉受了伤。伤后出行，会遇困难。
九四：占问吉利，没有悔恨。人来人往，实现了赚钱的愿望。
九五：背上受了伤，没有悔恨。
上六：牙床骨、面颊和舌头都受了伤。

注释：

（1）“咸”是本卦的标题。“咸”的意思是受伤。全卦的内容主要是就梦中所见的生活琐事进行占问。标题的“咸”字是卦中多见字。

（2）取：用作“娶”。

（3）拇：大脚趾。

（4）腓（fěi）：小腿肚子。

（5）执：同“咸”，意思也是受伤。随：用作“隋”，指股下隆起的肉。

（6）憧憧：即童童，意思是往来不绝的样子。

（7）朋：朋贝，货币。

（8）脢（méi）：背上的肉。

（8）辅：意思是牙床骨。

恒卦

（雷风恒）震上巽下

《恒》：亨。无咎。利贞。利有攸往。

初六：浚恒，贞凶，无攸利。

九二：悔亡。

九三：不恒其德，或承之羞，贞吝。

九四：田无禽。

六五：恒其德，贞，妇人吉，夫子凶。

上六：振恒，凶。

译文：

恒卦：亨通，没有灾祸，吉利的占问。有利于出行。

初六：挖土不止。占问凶兆，没有什么好处。

九二：没有什么可悔恨。

九三：不能经常有所获，有人送来美味的食物。占得艰难的征兆。

九四：田猎打不到禽兽。

六五：经常有所获。占问结果，女人吉利，男人凶险。

上六：动荡不止。凶险。

注释：

（1）“恒”是本卦的标题。“恒”的意思是久常。全卦内容是日常生活和生产上的事。作标题的“恒”字是卦中多见词。

（2）浚：挖土。

（3）德：用作“得”，指收获。

（4）承：奉送。羞：即“馐”，意思是美味。

（5）振：振动，动荡。

遯卦

（天山遯）乾上艮下

《遯》：亨。小利贞。

初六：遯尾，厉，勿用有攸往。

六二：执之用黄牛之革，莫之胜说。

九三：系遯，有疾厉，畜臣妾吉。

九四：好遯，君子吉，小人否。

九五：嘉遯，贞吉。

上九：肥遯，无不利。

译文：

遯卦：亨通。有小利的占问。

初六：君子全部隐退，危险。不利于出行。

六二：用黄牛皮绳把马绑住。它不可能逃脱。

九三：羁系住隐退者，他心里很痛苦，危险。豢养奴婢，吉利。

九四：喜欢隐遁，这对贵族君子是吉利的，

对小人则不利。

九五：赞美隐遁，占得吉兆。

上九：远走高飞隐道起来，没有什么不利。

注释：

（1）“遯（dùn）”是本卦的标题。遯是遁的异体字，意思是隐退。全卦的内容与政治斗争有关。遯是卦中多见词，又与内容有关，所以用作标题。

（2）尾：全部，尽。

（3）执：抓住捆绑。

（4）胜：可能。说：用作“脱”。

（5）系：拖累，拘系。

（6）畜：豢养。臣妾；家奴。

（7）好：喜好，喜欢。

（8）嘉：赞美。

（9）肥：用作“飞”。肥遯的意思是远走高飞。

大壮卦

（雷天大壮）震上乾下

《大壮》：利贞。

初九：壮于趾，征凶，有孚。

九二：贞吉。

九三：小人用壮，君子用罔，贞厉。羝羊触藩，羸其角。

九四：贞吉，悔亡。藩决不羸，壮于大舆之輹。

六五：丧羊于易，无悔。

上六：羝羊触藩，不能退，不能遂，无攸利，艰则吉。

译文：

大壮卦：吉利的占问。

初九：脚趾受了伤。出行，凶险。有所收获。

九二：占得吉兆。

九三：奴隶狩猎凭力大，贵族狩猎用猎网。占得险兆。公羊用头角撞篱笆，却被篱笆卡住了。

九四：占得吉兆，没有悔恨。公羊撞破篱笆，摆脱了羁绊，又撞在大车轮子上受了伤。

六五：羊在牧场上逃掉了。没有悔恨。

上六：公羊用头角撞篱笆，角被卡住，退不了，进不了。没有什么好处，占问旱情则得吉兆。

注释：

（1）“大壮”是本卦的标题。“壮”的意思是强健，伤。全卦的内容主要与畜牧有关。标题的“壮”字是卦中多见词。

（2）壮：用作“戕”，意思是伤。

（3）壮：强壮，力大。

（4）罔：古“网”字，用来捕兽的工具。

（5）羝（dǐ）羊：公羊。藩；篱笆。

（6）羸（léi）：用作“累”，意思是用绳子捆住。

（7）决：破。

（8）輹：用作“辐”，这里指车轮。

（9）易：用作“场”，指放牧的牧场。

（10）遂：进。

晋卦

（火地晋）离上坤下

《晋》：康侯用锡马蕃庶，昼日三接。

初六：晋如摧如，贞吉。罔裕，无咎。

六二：晋如，愁如，贞吉。受兹介福于，其王母。

六三：众允，悔亡。

九四：晋如鼫鼠，贞厉。

六五：悔亡，失得，勿恤。往吉，无不利。

上九：晋其角，维用伐邑，厉吉，无咎，贞吝。

译文：

晋卦：康侯用周成王赐予他的良种马来繁殖马匹，一天配种多次。

初六：进攻打垮敌人、占得吉兆。没有抢夺财物，没有灾祸。

六二：进攻迫降敌人，占得吉兆。获得这样的福祐，是受了祖母的庇护。

六三：万众进攻，没有悔恨。

九四：进攻时胆小如鼠，占得凶兆。

六五：没有悔恨，即使战败也不气馁。前进，吉利。没有什么不利。

上九：进攻敌人必须较量力量，可以考虑攻

打敌方城邑。凶险，吉利，没有灾祸，占得险兆。

注释：

（1）“晋”是本卦的标题。“晋”的意思是前进，指作战中的进攻。全卦的内容主要讲战争。“晋”字既与内容有关，又是卦中多见词，所以用作标题。

（2）康侯：指周武王的弟弟康叔封。锡：用作“赐”，意思是赐予。蕃庶：繁育，繁殖。

（3）昼日：终日，一整天。三接：指多次交配。

（4）摧：摧毁，打垮。

（5）罔：无。孚：抓，抢夺。裕：这里指财物。

（6）愁：用作“遒”，意思是迫使投降。

（7）兹：此。介：大。

（8）王母：祖母。

（9）允：用作“郓”，意思是进，这里指进攻。

（10）鼫（shí）鼠：这里用来形容胆小如鼠。

（11）失得：失败，失利。恤：担忧，气馁。

（12）其：则。角：较量。

（13）维：考虑。

明夷卦

(离下坤上)明夷，利艰贞。

初九："明夷于飞，垂其翼。君子于行，三日不食。"有攸往，主人有言。

六二：明夷，夷于左股，用拯马壮。吉。

九三：明夷于南狩，得其大首。不可疾贞。

六四：入于左腹，获得夷之心，于出门庭。

六五：箕子之明夷，利贞。

上六：不明，晦。初登于天，后入于地。

译文：

明夷卦：有利于占问艰难的事。

初九："鹈鹕在飞行，垂敛着羽翼。君子在旅途，多日无食粮。"前去的地方，受到主人责难。

六二：太阳下山的时候，左腿受了伤，因马壮得救。吉利。

九三：在南边的猎区拉弓射箭，猎获了大猛兽。不利于占问疾病。

六四：进入隐居之处，产生了归隐的念头，

一出门就想返回。

六五：殷纣王的哥哥箕子到东方邻国去避难，吉利的占问。

上六：太阳下山，天黑了。太阳初升是天明，后来下山是天黑。

注释：

(1) “明夷”是本卦的标题。“明夷”在卦中有三种意思：一指鸣，即叫着的鹈鹕；二指鸣响的弓；三指太阳落下。全卦内容讲出行狩猎和隐退守洁，用多见词作标题。

(2) 明夷于飞：这里引用一首民歌作占，叫做谣占，在这里用来说明行旅之难。明夷：用作“鸣夷”，意思是叫着的鹈鹕。鹈鹕是一种水鸟，俗称淘河。

(3) 言：指责，责难。

(4) 明：这里指太阳。夷：来。明夷就是太阳下山。

(5) 夷：用作“痍”，意思是受伤。

(6) 用：因为。拯：得救。用拯马壮：意思是说因为壮马善跑而得救。

（7）明夷：这里指鸣弓，意思是说拉弓发射。南狩：南方的猎区。

（8）大首：大头，指大头的猛兽。

（9）可：利。

（10）腹：古代半地下式房屋的复室。左腹就是左室，这里指隐居之处。

（11）明夷：太阳隐去，这里的意思是说隐退。

（12）箕子：殷纣王的哥哥。明夷：这里指隐退。

家人卦

（风火家人）巽上离下

《家人》：利女贞。

初九：闲有家，悔亡。

六二：无攸遂，在中馈，贞吉。

九三：家人嗃嗃，悔厉吉；妇子嘻嘻，终吝。

九四：富家，大吉。

九五：王假有家，勿恤，吉。

上九：有孚威如，终吉。

译文：

家人卦：有利于妇女的占问。

初九：提防家里出事，没有悔恨。

六二：妇女在家中料理家务，没有失职。占得吉兆。

九三：贫困之家哀号愁叹，嗷嗷待哺，有悔有险，但终归吉利。富贵之家嘻笑作乐，骄奢淫逸，结果要倒霉。

六四：幸福的家庭大吉大利。

九五：君王的家庙中祭祀祖先，不必忧虑。吉利。

上九：抓到的俘虏不肯屈服，发怒反抗，结果还是吉利。

注释：

（1）“家人”是本卦的标题。“家人”的意思就是家庭。全卦专门讲家庭中的事，标题与内容有关。

（2）闲：防范。有：于。

（3）遂：用作“坠”，意思是失误。

（4）中馈：家庭中的饮食之事。

（5）嗃嗃（hè）：用作“嗷嗷”意思是众口愁叹。

（6）嘻嘻：笑声。

（7）富：用作“福”，意思是幸福。

（8）假：用作“格”，意思是到达。有：于。家：这里指祭祀祖先的家庙。

（9）孚：俘虏。威如：发怒的样子。

睽卦

（火泽睽）离上兑下

《睽》：小事吉。

初九：悔亡。丧马勿逐自复。见恶人无咎。

九二：遇主于巷，无咎。

六三：见舆曳，其牛掣，其人天且劓，无初有终。

九四：睽孤遇元夫，交孚，厉，无咎。

六五：悔亡。厥宗噬肤，往，何咎？

上九：睽孤见豕负涂，载鬼一车，先张之弧，后说之弧，匪寇，婚媾。往遇雨则吉。

译文：

睽卦：小事吉利。

初九：没有悔恨。马跑掉了，不必去追，它自己会回来。途中遇到容貌丑陋的人，没有灾祸。

九二：刚进小巷就遇到主人接待，没有灾祸。

六三：看到一辆拉货的车，拉车的牛很吃力，一步一使劲，牛角一俯一仰的，赶车的人是个被烙了额、割掉鼻的奴隶。开始时拉不动，最后拉走了。

九四：旅人孤身赶路，遇到一个跛子，同他一起被抓住。危险，结果却没有灾难。

六五：没有悔恨。看见同宗族的人在吃肉。往前走去，哪有什么灾祸？

上九：旅人孤身赶路，看到一头猪满身是泥，一辆大车载满了图腾打扮的人。他们起初拿起弓箭要射，后来放下了。这些人不是来抢劫，而是去订婚。旅人继续前行，虽然遇到下雨，但平安吉利。

注释：

（1）“睽（kuí）”是本卦的标题。“睽”的意思是相违，矛盾。全卦记述旅人出行途中所见所闻，像一篇旅行日记。作标题的“睽”字与内容有关。

（2）复：返回。

（3）舆：大车。曳：拖拉。

（4）掣：意思是牛角一俯一仰，形容牛拉车很吃力的样子。

（5）天：用作“颠”，意思是额部，这里专指一种在额上刺字的刑罚。劓（yì）：割掉鼻子（一种刑罚）。

（6）睽：乖离，这里指外出的旅人。跃孤的意思是说旅人孤单行路。

（7）元夫：元用作“兀”，元夫就是跛子。

（8）交：一起，全部。

（9）厥：其，这里指代旅人。厥宗：跟他同宗族的人。噬：吃。肤：这里指肉。

（10）豕：猪。涂：泥巴。负涂：背上有泥。

（11）鬼：这里指用图腾打扮的人。

（12）张：拉开。弧：弓。

（13）说：用作“脱”，这里的意思是放下。

蹇卦

（水山蹇）坎上艮下

《蹇》：利西南，不利东北。利见大人。贞吉。

初六：往蹇来誉。

六二：王臣蹇蹇，匪躬之故。

九三：往蹇来反。

六四：往蹇来连。

九五：大蹇朋来。

上六：往蹇来硕，吉，利见大人。

译文：

蹇卦：往西南方走有利，往东北方走不利。有利于会见王公贵族。占得吉兆。

初六：出门时艰难，回来时安适。

六二：王臣的处境十分艰难，不是他自身的缘故。

九三：出门时艰难，回来时快乐高兴。

六四：出门时艰难，回来时有车可坐。

九五：经历了许多艰难，最终赚钱获利。

上六：出门时艰难回来时欢喜跳跃。吉利。有利于见到王公贵族。

注释：

（1）“蹇（jiǎn）”是本卦的标题。“蹇”的意思是艰难。全卦的内容是通过商旅来说明由难变为不难的道理。作标题的“赛”字既与内容有关，又是卦中的多见词。

（2）誉：用作“趋”，意思是安全舒适地行路。

（3）蹇蹇：难上加难。

（4）躬：自己。

（5）反：意思是高兴快乐。

（6）连：用作“辇”，意思是车。

（7）朋：朋贝，货币。

（8）硕：用作“蹁”，意思是跳跃，这里用来说明高兴。

解卦

（雷水解）震上坎下

《解》：利西南。无所往，其来复吉。有攸往，夙吉。

初六：无咎。

九二：田获三狐，得黄矢，贞吉。

六三：负且乘，致寇至，贞吝。

九四：解而拇，朋至斯孚。

六五：君子维有解，吉，有孚于小人。

上六：公用射隼于高墉之上，获之，无不利。

译文：

解卦：往西南方走有利。如果没有明确的目的地，不如返回来，吉利。如目的明确，早去吉利。

初六：没有灾祸。

九二：田猎获得三只狐狸，身上带着铜箭头。占得吉兆。

六三：带着许多货物，背负马拉，惹人汪目，结果强盗来了。占得险兆。

九四：赚了钱而懈怠不想走，却被人抓去。

六五：君子彼捆起后又被解开，吉利。小人将受到惩罚。

上六：王公贵族在高高的城墙上射中一只鹰，并抓住了。这没有什么不吉利。

注释：

（1）“解”是本卦的标题。“解”的意思是分解，解除。全卦内容主要讲商旅、狩猎和俘虏。标题的“解”字为卦中多见词。

（2）夙：早。

（3）黄矢：铜箭头。

（4）解：用作“懈”，意思是懈怠。拇：脚大拇趾，这里代指脚。解而拇：意思是说不想走路。

（5）朋至：获得朋贝，赚了钱。斯：则。

（6）孚：系，束缚。有：又。解：解开，松开。

（7）罕：惩罚。

（8）公：这里指贵族。隼：鹰。墉：城墙。

损卦

（山泽损）艮上兑下

《损》：有孚，元吉，无咎。可贞，利有攸往。曷之用？二簋可用享。

初九：已事遄往，无咎。酌损之。

九二：利贞。征凶，弗损，益之。

六三：三人行则损一人，一人行则得其友。
六四：损其疾，使遄有喜，无咎。
六五：或益之十朋之龟，弗克违，元吉。
上九：弗损，益之，无咎，贞吉，利有攸往，得臣无家。

译文：

损卦：获得俘虏，大吉大利，没有灾祸，如意的占问。有利于出行。有人送来两盆食物，可以用来宴享。
初九：祭祀是大事，要赶快去参加，才没有灾祸。但有时可酌情减损祭品。
九二：吉利的占问。出讨他国，凶险。有时不能减损，要增益。
六三：三人同行必有一人因看法不一而被孤立，一人独行遇人可以作伴。
六四：减轻疾病，要赶快祭神，才会病愈，没有灾祸。
六五：有人送给价值十朋的大龟，不能不要。大吉大利。
上九：不增不减，完全依旧。没有灾祸，占

得吉兆。有利于出行，可以获得单身奴隶。

注释：

（1）“损”是本卦的标题。“损”的意思是减损。全卦的内容是说明损与益两个对立方的关系。标题的“损”字是卦中多见词。

（2）曷：用作“馌”，意思是送食物。簋（guǐ）：装饭的器物。

（3）享：宴享，祭享。

（4）已：用作“祀”，意思是祭祀。遄（chuán）：快，速。

（5）损：减轻，消除。使：使人祭祀。有喜：这里指病愈。

（6）益之：送给。朋：朋贝，货币，十枚一串贝为朋。

（7）违：离去。

（8）弗损益之：意思是说不减少不增加。

（9）臣：奴隶。家：家人。无家：没有家人，意思是说单身汉。

益卦

（风雷益）巽上震下

《益》：利有攸往。利涉大川。

初九：利用为大作，元吉，无咎。

六二：或益之十朋之龟，弗克违。永贞吉。王用享于帝，吉。

六三：益之用凶事，无咎。有孚。中行告公用圭。

六四：中行告公，从，利用为依迁国。

九五：有孚惠心，勿问，元吉。有孚，惠我德。

上九：莫益之，或击之，立心勿恒，凶。

译文：

益卦：有利于出行。有利于渡过大江大河。

初九：有利于大兴土木。大吉大利，没有灾祸。

六二：有人送给价值十朋的大龟，不能不要。占得长久吉兆。周武王克商，祭祀天帝，吉利。

六三：因武王去世，祭祀时增加人牲，没有灾祸。抓到了俘虏，中途报告周公举行祭祀。

六四：东征胜利后，班师回来的路上报告周公成王有命，把殷商遗民处理好有利。

九五：抓到俘虏，好心待他们，不必追究。大吉大利。抓到俘虏，用财物优待使他们对我感激。

上九：没有人帮助，还有人来攻击。这时内心不坚定，必然凶险。

注释：

（1）“益”是本卦的标题。“益”的意思是增益。全卦内容是说明损益的道理，与“损卦”构成一个组卦。标题的“益”字是卦中多见词。

（2）用：于。大作：大兴土木，建筑。

（3）益之：这里的意思是祭祀时增加人牲。用：因为。凶事：丧事，这里指周武王去世。

（4）中行：中途。用圭：指祭祀，因为祭祀时要执畦（即圭），所以用来代指。

（5）依：即殷，指代殷。

（6）惠心：安抚，好心。勿问：不必追问。

（7）德：用作“得”，这里指所获财物。

（8）莫：没有人。益：帮助。

（9）击：攻击。

（10）恒：长久，坚持不变。

夬卦

（泽天夬）兑上乾下

《夬》：扬于王庭，孚号。有厉，告自邑。不利即戎，利有攸往。

初九：壮于前趾，往不胜，为咎。

九二：惕号，莫夜有戎，勿恤。

九三：壮于頄，有凶。君子夬夬独行，遇雨若濡，有愠无咎。

九四：臀无肤，其行次且。牵羊悔亡，闻言不信。

九五：苋陆夬夬中行，无咎。

上六：无号，终有凶。

译文：

夬卦：王庭中正在跳舞取乐，有人呼叫："敌人来犯。"邑中传来命令："不利出击，严密防范。"有利于出行。

初九：脚趾受了伤，再前往，脚力不胜将遭难。

九二：有人惊呼，夜晚敌人来犯，但不必担心。

九三：颧骨受了伤，凶险。君子独自匆匆赶路，遇到下雨淋湿了全身，很不高兴，但没有灾祸。

九四：臀部受了伤，走起路来十分困难。牵羊去做买卖，悔恨羊丢失了，问怎么丢的，却说不清楚。

九五：细角山羊在路中间欢快蹦跳，没有灾祸。

上六：狗叫，结果将凶险。

注释：

（1）“夬（guài）”是本卦的标题。“夬”是“快”的本字，有快乐和快速两种意思。全卦内容主要讲防范敌人和行旅。标题取“夬”的字义。

（2）扬：拿着兵器跳的武舞。

（3）孚号：呼号。有厉：有敌人来侵犯。

（4）即戎：马上进行防御。

（5）壮：受伤。

（6）惕号：惊恐呼号。

（7）莫：“暮”的本字，意思是太阳下山。

（8）頄（kuí）：颧骨。

（9）夬夬：急匆匆的样子。

（10）若：而。濡：淋湿。

（11）愠：不高兴，不满。

（12）肤：肉。臀无肤：这里是说臀部受了伤。行次且：用作“趑趄”，意思是走路很困难的样子。

（14）闻：用作“问”。言：用作“愆”，意思是亏损。信：申辩，说明。

（15）苋：细角山羊。陆：意思是蹦跳。中行：路中间。

（16）无：应为“犬”字。

姤卦

（天风姤）乾上巽下

《姤》：女壮，勿用取女。

初六：系于金柅，贞吉。有攸往，见凶，羸豕孚蹢躅。

九二：包有鱼，无咎，不利宾。

九三：臀无肤，其行次且，厉，无大咎。

九四：包无鱼，起凶。

九五：以杞包瓜，含章，有陨自天。

上九：姤其角，吝，无咎。

译文：

姤卦：女子受伤，不利于娶女。

初六：衣服挂在纺车转轮的铜把手上了，占得吉兆。占问出行，则见凶象。拉着不肯前进的瘦猪。

九二：厨房里有鱼，没有灾祸。不利于宴请

宾客。

九三：臀部受了伤，走起路来十分困难。危险，但没有大灾难。

九四：厨房没有鱼，一动就凶险。

九五：缠着把树往上长的轮从很好看，突然从很高的地方掉下一个瓜。

上九：碰上野兽，同它搏斗，危险，结果没有灾祸。

注释：

（1）“姤（gòu）”是本卦的标题。“姤”用作“遘”，意思是遇合，也用作婚媾的“媾”。全卦的内容与出行和婚姻有关，并且都是占问梦中景象，即梦占。标题取“姤”的两种意义。

（2）壮：受伤。

（3）勿用：不利。取；用作“娶”。

（4）金柅（nǐ）：铜制的纺车转轮把手。

（5）羸豕：瘦猪。孚：用作“桴”，意思是牵引。踯躅（zhí zhú）：徘徊不前的样子。

（6）包：用作“庖”，意思是厨房。

（7）宾：宾客，这里指宴请宾客。

（8）起：动。

（9）以：倚靠，缠着。包瓜：匏瓜。

（10）含章：很有文彩。

（11）陨：掉下，落下。

（12）姤：遭遇，这里指遇上野兽。其：而。角：搏斗。

萃卦

（泽地萃）兑上坤下

《萃》：亨，王假有庙。利见大人。亨，利贞，用大牲吉。利有攸往。

初六：有孚不终，乃乱乃萃，若号，一握为笑，勿恤，往无咎。

六二：引吉，无咎，孚乃利用禴。

六三：萃如嗟如，无攸利，往无咎，小吝。

九四：大吉无咎。

九五：萃有位，无咎。匪孚，元永贞，悔亡。

上六：赍咨涕洟，无咎。

译文：

萃卦：亨通。君王到宗庙祭祀。有利于见到王公贵族，亨通，吉利的占问。祭祀用牛牲，吉利。有利于出行。

初六：抓到俘虏，后来又跑了，引起一阵纷乱和忧虑，大家呼喊着追捕。追回来后嘻哈大笑，不再担忧。前行，没有灾祸。

六二：长久吉利，没有灾祸。春祭最好用俘虏作人牲。

六三：长久叹息。没有什么好处。前行，没有灾祸，只有小危险。

九四：大吉大利，没有灾祸。

九五：尽瘁于职守，没有灾祸。没有俘虏，占问长久吉凶，没有悔恨。

上六：感叹流涕，为国忧心，没有灾祸。

注释：

(1)“萃”是本卦的标题。“萃”在卦中用作

“悴”、“瘁”，意思是忧虑。全卦的内容主要讲祭祀和政治态度。标题的“萃”字是卦中多见词。

（2）假：到，至。

（3）大牲：牛，古代祭祀时以牛为大牲。

（4）不终：没有结果，这里指俘虏被抓后跑了。

（5）乱：纷乱。

（6）若：而。号：呼号。

（7）一握：即嗌喔，咿喔，表示笑声。

（8）引：永久，长期。

（9）禴（yuè）：祭祀的名称，指春祭。

（10）嗟：感叹。

（11）萃：用作“瘁”。有，于。位：职位。

（12）匪孚：没有俘虏。

（13）赍咨（jīzī）：咨嗟，叹息。涕：流鼻涕。

升卦

（地风升）坤上巽下

《升》：元亨。用见大人，勿恤。南征吉。

初六：允升，大吉。

九二：孚乃利用禴，无咎。

九三：升虚邑。

六四：王用亨于岐山，吉，无咎。

六五：贞吉，升阶。

上六：冥升，利于不息之贞。

译文：

升卦：大亨大通，有利于见到王公贵族，不必担忧。向南出征吉利。

初六：前进而步步发展，大吉大利。

九二：春祭最好用俘虏作人牲，没有灾祸。

九三：向建在山丘上的城邑进军。

六四：周王在岐山举行祭祀。吉利，没有灾祸。

六五：占得吉兆，沿阶而逐步上升。

上六：昼夜不停地发展，有利于不停发展的占问。

注释：

（1）“升”是本卦的标题。“升”的意思是上升、发展。全卦的内容大致是讲周朝不断上升、强盛的历史。标题的“升”字是卦中多见词。

（2）允：意思是前进。

（3）虚邑：建在大山丘上的城邑。

（4）王：周玉。亨：即“享”，意思是祭祀。

（5）升：登上。阶：阶梯。

（6）冥：晚上。

（7）不息：不停。

困卦

（泽水困）兑上坎下

《困》：亨。贞大人吉，无咎。有言不信。

初六：臀困于株木，入于幽谷，三岁不觌。

九二：困于酒食，朱绂方来。利用享祀。征凶，无咎。

六三：困于石，据于蒺藜，入于其宫，不见其妻，凶。

九四：来徐徐，困于金车，吝，有终。

九五：劓刖，困于赤绂，乃徐有说，利用祭祀。

上六：困于葛藟，于臲〈臬兀〉，曰动悔有悔，征吉。

译文：

困卦：亨通。占问王公贵族得吉兆，没有灾祸。有罪的人无法申辩清楚。

初六：臀部挨了刑杖打，被关进牢房，三年不见外界天日。

九二：酒醉饭饱，穿红衣的敌人来犯，于是祭祀求神。占问出征，得凶兆。没有灾祸。

六三：被捆在嘉石上示众，又被关在四周有蒺藜的牢里，释放回到家里，妻子却不在了，凶险。

九四：犯人被关在囚车里，慢慢走来。这很不幸，但最后被释放了。

九五：被穿红衣的人抓去，割掉鼻子，砍断了脚，后来逐渐逃脱，赶快祭祀求神保佑。

上六：被关在四周有葛廷和木桩的监狱里，想动身越狱的话，就会悔上加悔。占问出征，得到吉兆。

注释：

（1）“困”是本卦的标题。“困”的意思是困厄、倒霉和关押。全卦专讲刑狱。“困”字与内容有关，又是卦中多见词，所以用作标题。

（2）言：用作“愆”，意思是罪过。信：申辩，说清楚。

（3）困：这里的意思是挨打。株木：指打人的刑杖。

（4）幽谷：这里指监狱。

（5）觌（dí）：看见。

（6）朱绂（fú）：红色的服装，这里代指穿红色服装的民族。

（7）石：嘉石。古代树立在朝门左边当众的地方，用于惩罚犯人。

（8）蒺藜：这里代指监狱。

（9）徐徐：慢行的样子。

（10）金：禁。金车：关押犯人的囚车。

（11）劓（yì）：割掉鼻子。刖（yuè）：砍掉脚。

（12）徐：逐渐。说：用作“脱”。

（13）葛藟（lěi）：一种有刺的蔓生植物，种在监狱外，以防犯人逃跑。

(14) 鼿兀（nièwù）：木桩，围在监狱外，防止犯人越狱。

井卦

(水风井) 坎上巽下

《井》：改邑不改井，无丧无得。往来井井。汔至，亦未繘井，羸其瓶，凶。

初六：井泥不食。旧井无禽。

九二：井谷射鲋，瓮敝漏。

九三：井渫不食，为我心恻。可用汲，王明并受其福。

六四：井甃，无咎。

九五：井洌，寒泉食。

上六：井收勿幕，有孚元吉。

译文：

井卦：改换了封邑却没改变井田数目，没有损失也没有多得，人们照样在田间未来往往。水井已经干枯淤塞，却不去挖淘，还打破了汲水瓶，凶险。

初六：井水浑浊如泥无法饮用。陷阱塌坏不能关野兽。

九二：张弓射井底的小鱼。水瓮又破又漏。

九三：井水污浊不能饮用，给我淘净澄清，就可以汲饮。君王英明，使众人都得到他的福佑。

六四：用砖石垒砌井壁，没有灾祸。

九五：井水清澈，凉泉可口，可以饮用。

上六：缩小陷阱口，不加阱盖，结果捕获了野兽，大吉大利。

注释：

（1）“井”是本卦的标题。“井”指井田、水井、陷阱。全卦内容是记述村邑中劳动和生活的情景。作标题的“井”字是卦中多见词。

（2）改邑：改换封邑。井：井田，指划分齐整的田地。

（3）汔（qì）：水干枯。至：用作“窒”，意思是淤塞。繘（jú）：这里的意思是挖。

（4）羸（léi）：用作“儡”这里指打破。

（5）泥：淤泥。井泥：井水浑浊含泥。

（6）井：陷阱，用于捕兽。

（7）井谷：井底。鲋：小鱼。

（8）瓮：汲水的耳器。敝：破。

（9）渫（xìe）：污浊。

（10）心恻：沁测，意思是淘净，澄清。

（11）井甃（zhòu）：用砖石垒筑井壁。

（12）洌：水清澈。

（13）收：缩小。井：陷阱。幕：盖。

革卦

（泽火革）兑上离下

《革》：巳日乃孚。元亨。利贞，悔亡。

初九：巩用黄牛之革。

六二：巳日乃革之，征吉，无咎。

九三：征凶。贞厉。革言三就，有孚。

九四：悔亡。有孚改命，吉。

九五：大人虎变，未占有孚。

上六：君子豹变，小人革面，征凶，居贞吉。

译文：

革卦：祭祀那天用俘虏作人牲。大亨大通，吉利的占问。没有悔恨。

初九：用黄牛的皮革加固束紧。

六二：祭祀的日子要改变。出征，吉利。没有灾祸。

九三：出征，凶险。占得险兆。把马的胸带绑三匝，打了胜仗，抓到俘虏。

九四：没有悔恨。捉到俘虏，改变了命令。言利。

九五：指挥官勃然大怒，未必会取得胜利。

上六：君子勃然大怒，小人不满反抗。出征，凶险。占问居处得吉兆。

注释：

(1)“革”是本卦的标题。“革”的意思是改变。全卦的内容主要与战争有关，用战争来说明变的思想。标题的“革”字既与内容相关，又是卦中多见词。

（2）巳：用作“祀”，指祭祀。

（3）巩：加固，束紧。

（4）言：用作“靳”，意思是马的胸带。三就：三重。

（5）改命：改变命令。

（6）革面：变脸。

鼎卦

（火风鼎）离上巽下

《鼎》：元吉，亨。

初六：鼎颠趾，利出否，得妾以其子，无咎。

九二：鼎有实，我仇有疾，不我能即，吉。

九三：鼎耳革，其行塞，雉膏不食，方雨亏悔，终吉。

九四：鼎折足，覆公餗，其形渥，凶。

六五：鼎黄耳金铉，利贞。

上九：鼎玉铉，大吉，无不利。

译文：

鼎卦：大吉大利，亨通。

初六：鼎翻倒而足向上，有利于清除坏人。

得到他人的妻子和儿子作家奴，没有灾祸。

九二：鼎中没有食物，我妻子有病，不能和我同吃。吉利。

九三：鼎耳脱落，外出打猎有无阻碍？家里野鸡肉留着不吃，天正下雨，倒霉。结果吉利。

九四：鼎足折断，倾倒了鼎中王公的粥，弄得遍地狼藉。凶险。

六五：鼎耳和鼎盖横杠都用铜制成。吉利的占问。

上九：鼎盖横杠用玉制威，大吉大利，没有什么不利。

注释：

（1）“鼎”是本卦的标题。“鼎”为饮食器具。全卦的内容同饮食以及与饮食有关的事相关。“鼎”为卦中多见词。

（2）颠趾：翻倒后足向上。

（3）出：除去。否：这里指坏人。

(4) 实：内容，这里指鼎中的装的食物。

(5) 仇：妻子。

(6) 即：两人对食，就餐。

(7) 革：脱落。

(8) 行：指外出打猎。塞：阻碍。

(9) 雉膏：肥野鸡肉。

(10) 餗：粥。

(11) 形渥（wò）：汤汁狼藉遍地。

(12) 黄耳：铜耳。铉：关鼎盖的横杠。金铉：铜鼎盖横杠。

(13) 玉铉：玉制的鼎盖横杠。

震卦

（震为雷）震上震下

《震》：亨。震来虩虩，笑言哑哑，震惊百里，不丧匕鬯。

初九：震来虩虩，后笑言哑哑，吉。

六二：震来厉，亿丧贝，跻于九陵，勿逐，七日得。

六三：震苏苏，震行无眚。

九四：震遂泥。

六五：震往来，厉，意无丧，有事。

上六：震索索，视矍矍，征凶。震不于其躬，于其邻，无咎。婚媾有言。

译文：

震卦：亨通。雷声传来，有人吓得打哆嗦，有人谈笑自如。雷声震惊百里，有人手拿酒勺镇定如常。

初九：雷声传来，有人先吓得打哆嗦，后来便谈笑自如。吉利。

六二：雷电交加，非常危险，商人担心损失财物，翻山越岭赶往市场。有人告诉他别赶了，七八天就可弥补损失。

六三：雷电让人疑惧不安。在雷电中前行，没遇上灾祸。

九四：雷电从天上掉落到地面。

六五：雷电闪来闪去，十分危险，心里想着不要有损失和事故。

上六：雷电交加，有人行动小心谨慎，日光四顾。出行，凶险。雷电不会击到他身上，而击到邻人头上。没有灾祸。

这大概是因为邻人做了错事吧。

注释：

（1）“震”是本卦的标题。“震”代表雷电。全卦内容讲人对雷电的感受。“震”是卦中多见词，又与内容有关。

（2）隙隙（xì）：意思是恐惧的样子。

（3）哑哑：笑声。

（4）匕（bǐ）：勺子。鬯（chàng）：用黑黍和香草酿成的酒。

（5）亿：猜测。贝：货币。

（6）跻：攀登。九陵：九重山，指极远。

（7）苏苏：疑惧不安的样子。

（8）遂：用作“坠”。

（9）意：用作“亿”猜测。

（10）索索：用作“缩缩”，意思是脚步很小。

（11）矍矍（jué）：意思是鹰隼看得远而准，比喻有眼光。

（12）婚媾：这里指亲戚。言：罪过。

艮卦

（艮为山）艮上艮下

《艮》：艮其背，不获其身，行其庭，不见其人，无咎。

初六：艮其趾，无咎。利永贞。

六二：艮其腓，不拯其随，其心不快。

九三：艮其限，列其夤，厉，熏心。

六四：艮其身，无咎。

六五：艮其辅，言有序，悔亡。

上九：敦艮，吉。

译文：

（艮卦）：注意保护背部而不保护全身，就像一座大园宅没有人居住一样。没有灾祸。

初六：注意保护脚。没有灾祸。有利于长久吉利的占问。

六二：注意保护腿肚，却不保护腿部肌肉，心中不愉快。

九三：注意保护腰部，但胁间的肉已裂开了，危险，使人心焦。

六四：注意保护胸腹部。没有灾祸。

六五：注意保护面部，注意说话有分寸。没有悔恨。

上九：注意保护头部。吉利。

注释：

(1)“艮（gèn）”是本卦的标题。原文卦象后无“艮”字，这是为避免与卦辞重复而省略。艮的意思是止息、歇息，引申为保护。全卦的内容是讲注意保护身体。

(2) 获：用作“护”。

(3) 庭：园宅。

(4) 趾：这里代指脚。

(5) 腓：腿肚子。

(6) 拯：保护，随：用作“隋”，意思是肉，这里指肌肉。

(7) 限：腰部。

(8) 夤（yín）：用作“夤”，意思是肋部肌肉。

(9) 熏：同“薰”。薰心：意思是心像被火烧一样痛苦。

（10）辅：指面部。

（11）敦：意思是额部，这里代指头部。

渐卦

（风山渐）巽上艮下

《渐》：女归吉，利贞。

初六：鸿渐于干。小子厉，有言，无咎。

六二：鸿渐于磐，饮食衎衎，吉。

九三：鸿渐于陆。夫征不复，妇孕不育，凶。利御寇。

六四：鸿渐于木，或得其桷，无咎。

九五：鸿渐于陵，妇三岁不孕，终莫之胜，吉。

上九：鸿渐于陆，其羽可用为仪，吉。

译文：

渐卦：女子出嫁，是吉利的事。吉利的占问。

初六：鸿雁飞进山涧，小孩也去很危险，应当呵责制止。

六二：鸿雁飞上涯岸，丰衣足食，自得其乐。吉利。

九三：鸿雁飞在陆地，丈夫出征没回来，妻子怀孕而流产。凶险。有利于抵御敌寇。

六四：鸿雁飞上树木，贵族已准备好了盖房的椽条。没有灾祸。

九五：鸿雁飞上山头，妻子多年没有怀孕，却始终没有受到欺侮。吉利。

上九：鸿雁飞上大山，它的羽毛可以作文舞的道具。吉利。

注释：

（1）“渐”是本卦的标题。“渐”的意思是渐进、缓进。全卦内容以鸿雁起兴，作为主线，占问日常生活中的事情。标题的“渐”字是全卦中多见词。

（2）归：女子出嫁。

（3）鸿：水鸟。干：山涧。

（4）小子：小孩子。厉：危险。

（5）言：意思是谴责，呵责。

（6）磐：涯岸。

（7）瞰（kàn）：自得的样子。

（8）陆：高而平的地。
（9）桷（jué）：屋顶上承瓦的方木条。
（10）胜：欺凌，欺侮。
（11）仪：用鸟羽编织的文舞道具。

归妹卦

（雷泽归妹）震上兑下
《归妹》：征凶，无攸利。
初九：归妹以娣。跛能履，征吉。
九二：眇能视，利幽人之贞。
六三：归妹以须，反归以娣。
九四：归妹愆期，迟归有时。
六五：帝乙归妹，其君之袂不如其娣之袂良。月几望，吉。
上六：女承筐无实，士刲羊无血，无攸利。

译文：

归妹卦：出行，凶险。没有什么好处。
初九：姊妹一同出嫁。脚跛却能行走。出行，吉利。
九二：眼瞎了却能看见。有利于女子婚嫁的

占问。

六三：姊妹一同出嫁，后来又一同被休弃返回娘家。

九四：出嫁时超过了婚龄，迟迟不嫁是有所期待。

六五：殷帝乙把女嫁给周文王，妹妹的嫁妆比姊姊的还要漂亮。婚期选在将近月中，吉利。

上六：新娘捧着祭品的筐，但筐里没有东西；新郎提刀杀羊，但羊没有出血。没有什么吉利。

注释：

(1)“归妹”是本卦的标题，“归妹”的意思是少女出嫁。全卦的内容是记述姊妹共夫的婚俗。“归妹”是卦中多见同，也与内容有关。

(2) 以：当。娣：女弟，即妹妹。

(3) 眇：目盲。

(4) 幽人：囚徒，这里指家庭妇女。

(5) 须：用作“媭”，意思也是女弟，即妹妹。

(6) 反归：被休弃回娘家。

(7) 愆期：过期。

(8) 时：待。

(9) 帝乙：殷纣王之父。

(10) 其君：这里指君夫人。袂（mèi）：衣袖，这里代指嫁妆。

(11) 几：接近。望：农历每月十五日。

(12) 承：捧着。承筐：捧着装祭品的器具。

(13) 刲（kuī）：割，宰杀。

丰卦

（雷火丰）震上离下

《丰》：亨，王假之。勿忧，宜日中。

初九：遇其配主，虽旬无咎，往有尚。

六二：丰其蔀，日中见斗。往得疑疾，有孚发若，吉。

九三：丰其沛，日中见沬，折其右肱，无咎。

九四：丰其蔀，日中见斗，遇其夷主，吉。

六五：来章有庆誉，吉。

上六：丰其屋，蔀其家，窥其户，阒其无人，三岁不觌，凶。

译文：

丰卦：君王到宗庙祭祀。不必担心，时间最好在中午。

初九：途中受到女主人招待，跟她同居，没有灾祸。行旅得到了内助。

六二：用草和草席铺盖房顶，中午见到北斗星。行旅中得了怪病；买到残废了的奴隶。吉利。

九三：用草盖屋顶，中午出现了日蚀。折断了右臂。没有灾祸。

九四：用草和草席铺盖房顶，中午见到北斗星。途中遇到了老房东。吉利。

六五：获得美玉，大家庆贺称赞。吉利。

上六：房子大而空，用草和草席盖房顶。从门缝往里看，寂静无人，看来多年无人居住。凶险。

注释：

（1）“丰”是本卦的标题。“丰”的意思是大、盛大。全卦的内容是讲行旅、商旅。标题的“丰”字是卦中多见词。

（2）亨：用作“享”，意思是祭祀。

（3）假：用作“格”，意思是到达，至。之：指代祭祀的地方。

（4）日中：中午时分。

（5）配主：女主人。

（6）旬：意思是男女姘居结合。

（7）尚：支持、帮助。

（8）丰：扩大，增加。森：用作“菩”，意思是用草或小席拼接起来。

（9）斗：北斗星。

（10）疑疾：多疑的病，怪病。

（11）发：用作“废”，意思是天生残废。

（12）沛：用作“芾”，意思是用草盖房顶。

（13）沫：用作“昧”，意思是暗淡无光，这里是说日蚀。

（14）肱（gōng）：手臂。

（15）夷：常。夷主：常主。

（16）来：获得。章：用作“璋”，意思是美玉。

（17）庆，庆贺。誉：称赞。

（18）屋：指整座房子。

（19）家：指屋内。

（20）窥：意思是探看。

（21）阒（qù）：寂静。

（22）觌：看见。

旅卦

（火山旅）离上艮下

《旅》：小亨。旅贞吉。

初六：旅琐琐，斯其所取灾。

六二：旅即次，怀其资，得童仆，贞。

九三：旅焚其次，丧其童仆，贞厉。

九四：旅于处，得其资斧，我心不快。

六五：射雉，一矢亡，终以誉命。

上九：鸟焚其巢，旅人先笑后号咷。丧牛于易，凶。

译文：

旅卦：小事通。占问行旅得吉兆。

初六：旅途三心二意，离开住所，结果遭祸。

六二：行到市场，怀揣钱财，买来奴隶，占

得吉兆。

九三：行到着火的市场，买来的奴隶借机逃走，占得险兆。

九四：行到住处，虽然赚了钱，心里却不安。

六五：途中射野鸡，一箭中的，结果得到善射的美名。

上六：鸟巢失了火，旅人先高兴欢笑，后来却呼号哭泣，狄人抢去了牛羊。凶险。

注释：

（1）“旅”是本卦的标题。“旅”的意思是行旅、商旅，全卦的内容也与此有关。标题的“旅”字是卦中多见词。

（2）琐琐：意思是三心二意。

（3）斯：离开。所：指住所。

（4）取灾：得祸。

（5）即：走近，走到。次：用作“肆”，意思是市场。

（6）焚其次：市场夫火。

（7）处：止，指住处。

（7）资斧：钱财。斧：斧形钱币。

（9）命：名声。

（10）易：用。

巽卦

（巽为风）巽上巽下

《巽》：小亨。利有攸往。利见大人。

初六：进退，利武人之贞。

九二：巽在床下，用史巫纷若，吉，无咎。

九三：频巽，吝。

六四：悔亡，田获三品。

九五：贞吉，悔亡，无不利，无初有终。先庚三日，后庚三日，吉。

上九：巽在床下，丧其资斧，贞凶。

译文：

巽卦：小亨通。有利于出行。有利于见到王公贵族。

初六：前进后退听命于他人，有利于军人的占问。

九二：在床下算卦，祀史巫师禳灾驱鬼，乱纷纷一团。吉利，没有灾祸。

九三：愁眉苦脸地算卦，危险。

六四：没有悔恨。田猎获得三种猎物。

九五：占得吉兆，没有悔恨，没有什么不利。开头不好，结局不错。时间在丁日和癸日，吉利。

上九：在床下算卦，丧失了钱财。占得凶兆。

注释：

（1）“巽（xùn）”是本卦的标题。“巽”也写作“算”，意思是算卦。全卦内容主要讲史巫算卦。标题的“巽”字与内容有关，又是卦中多见词。

（2）史巫：古代从事祭祭祀和算命的人。祀史负责祭祖，巫师负责降神，消除灾祸。纷若：纷乱的样子。

（3）频：用作“颦”，意思是皱眉，表示愁眉苦脸。三品：三种，指三种野兽。

（4）先庚三日：庚日前的第三日，即了日。

（5）后庚三日：庚日后的第三日，即癸日。

兑卦

(兑为泽) 兑上兑下

《兑》：亨。利贞。

初九：和兑，吉。

九二：孚兑，吉，悔亡。

六三：来兑，凶。

九四：商兑未宁，介疾有喜。

九五：孚于剥，有厉。

上六：引兑。

译文：

兑卦：亨通。吉利的占问。

初九：和睦愉快，吉利。

九二：以捉到俘虏为快事，吉利，没有悔恨。

六三：以使人归顺为快事，凶险。

九四：谈判和睦相处的问题，尚未得出结果。小摩擦容易解决。

九五：被剥国所俘虏，危险。

上六：引导大家和睦相处。

注释：

（1）“兑（duì）”是本卦的标题。“兑”的意思是“悦”，高兴、愉快。全卦的内容主要是讲国与国之间的邦交。标题的“兑”字是卦中多见词。

（2）率兑：以抓到俘虏为快事。

（3）来：使人归顺。

（4）商：谈判。宁：定下来，得出结果。

（5）介：小。介疾：小毛病。有喜：有好结果。

（6）剥：国名。

（7）引：引导。

涣卦

（风水涣）巽上坎下

《涣》：亨。王假有庙。利涉大川，利贞。

初六：用拯马壮，吉。

九二：涣奔其机，悔亡。

六三：涣其躬，无悔。

六四：涣其群，元吉。涣有丘，匪夷所思。

九五：涣汗其大号，涣王居，无咎。

上九：涣其血，去逖出，无咎。

译文：

涣卦：洪水到来，君王到宗庙祭祀祈祷。有利于渡过大江大河。吉利的占问。

初六：洪水到来，因骑马逃避摔伤。吉利。

九二：汹猛的洪水冲毁了屋基，悔恨极了。

六三：洪水冲到身上，无灾无悔。

六四：洪水冲向人群，人群跑得快，大吉大利。洪水冲向山丘，那情景平时难以想象。

九五：洪水滔滔，人们奔走呼号。洪水涨到王宫。结果没有灾难。

上九：洪水的忧患消除了，但要提防灾难重现，就不会有灾祸。

注释：

（1）“涣”是本卦的标题。“涣”的意思是洪水。全卦的内容是讲水灾水患。标题的“涣”字与内容有关，又是卦中多见词。

(2) 亨：用作“享”，意思是祭祀。

(3) 用：因为。拯：用作“乘”。壮：用作“册”，意思是受伤。

(4) 奔：用作“崩”，意思是冲毁。机：用作“兀”，意思是房屋的地基。

(5) 群：众人。

(6) 有：于。丘：山丘。

(7) 匪：非。夷：平常。

(8) 涣汗：水流盛大的样子。其：而。号：呼叫。

(9) 王居：王者的住处，王宫。

(10) 血：用作“恤”，意思是忧患。去：消除。逖：用作“惕”，意思是警惕。出：产生。

节卦

(水泽节) 坎上兑下

《节》：亨。苦节，不可贞。

初九：不出户庭，无咎。

九二：不出门庭，凶。

六三：不节若，则嗟若，无咎。

六四：安节。亨。

九五：甘节，吉，往有尚。

上六：苦节，贞凶，悔亡。

译文：

节卦：亨通。以节制守礼为苦事，吉凶不可占问。

初九：在家室内不出门，没有灾祸。

九二：在庭院内不出门，凶险。

六三：不知节俭守礼，就会后悔叹息。知道就没有灾祸。

六四：安于节制守礼的生活，亨通。

九五：以节制守礼为乐事，吉利。出行会得到帮助。

上六：以节制守礼为苦事，占得凶兆，悔恨不已。

注释：

(1)“节”是本卦的标题。“节”的意思是节制、节俭和礼节。全卦的内容讲礼节和节约。标题的“节”字与内容有关，又是卦中的多见词。

（2）苦节：意思是以节制为苦事。

（3）若：句尾的助词，没有实际意义。

（4）嗟：感慨，叹息。

（5）安节：意思是安于节俭的生活。

（6）甘节：意思是以节制为乐事。

（7）尚：资助，帮助。

中孚卦

（风泽中孚）巽上兑下

《中孚》：豚鱼，吉。利涉大川，利贞。

初九：虞吉，有它不燕。

九二：鸣鹤在阴，其子和之。我有好爵，吾与尔靡之。

六三：得敌，或鼓或罢，或泣或歌。

六四：月几望，马匹亡，无咎。

九五：有孚挛如，无咎。

上九：翰音登于天，贞凶。

译文：

中孚卦：行礼时献上小猪和鱼，吉利。有利于渡过大江大河。吉利的占问。

初九：行丧礼，吉利。如有变故，就不行燕礼。

九二：鹤在树荫中鸣叫，幼鹤应声附和。我有美酒，与你同享。

六三：战胜了敌人，有的乘胜追击，有的凯旋收兵，有的高兴流泪，有的放声歌唱。

六四：月近十五的时候，马匹丢失了。结果没有灾祸。

九五：抓到俘虏，紧紧捆住。没有灾祸。

上九：用鸡祭祀上天。占问得凶兆。

注释：

（1）“中孚”是本卦的标题。“中孚”的意思是心中诚信。全卦的内容是讲礼仪。标题与内容有关。

（2）豚（tún）鱼：小猪和鱼。这两样东西是献祭和行礼时常用的物品。

（3）虞：丧礼，葬礼。

（4）它：意外事故。燕：用作“宴”，指宴饮之礼。

(5) 阴：用作“荫”，意思是树上荫蔽的地方。

(6) 爵：古代酒器，即酒杯，这里代指酒。

(7) 靡：共享，同享。

(8) 得敌：克敌，战胜敌人。

(9) 鼓：击鼓追击敌人。罢：停战，收兵。

(10) 挛如：捆得紧紧的样子。

(11) 翰音：鸡，这里指用鸡祭天。

小过卦

(雷山小过) 震上艮下

《小过》：亨。利贞。可小事，不可大事。飞鸟遗之音，不宜上，宜下，大吉。

初六：飞鸟以凶。

六二：过其祖，遇其妣。不及其君，遇其臣。无咎。

九三：弗过防之，从或戕之，凶。

九四：无咎。弗过遇之，往厉必戒，勿用永贞。

六五：密云不雨，自我西郊。公弋取彼在穴。

上六：弗遇过之，飞鸟离之，凶，是谓灾眚。

译文：

小过卦：亨通，吉利的占问。对小事有利，对大事不利。飞鸟经过，叫声还留在耳际。对大人不利，对小人有利。大吉大利。

初六：飞鸟经过，带来凶兆。

六二：祖父可以批评，祖母可以称赞。君王也有缺点，臣子也可以夸奖。没有灾祸。

九三：不要过分指责，但要防止错误发展。倘若放任不管，就是害他。凶险。

九四：没有错误，就不要指责，而要夸奖。日后有出错的危险，一定要防止。不利于占问长久的吉凶。

六五：在我西边郊野上空，阴云密布，雨却没有下来。王公射鸟，却在洞穴抓到野兽。

上六：对没有错的人不表扬，反而批评，像网罗网飞鸟，凶险，这就叫灾祸。

注释：

（1）“小过”是本卦的标题。“过”有经过和责备两个意思，全卦的内容主要是讲对批评的看法。标题的“过”字是卦中的多见词。由于前面已有“大过卦”，所以这一卦叫“小过”。

（2）可：有利于。小事：周代祭祀和战争是大事，其它都是小事。

（3）遗：留下。音：鸟的叫声。

（4）以：带来。

（5）过：责备，批评。祖：祖父。

（6）遇：礼遇，“过”的反义词。批（bǐ）：祖母。

（7）不及：赶不上，有缺点。

（8）从：用作“纵”，意思是放纵，听任。戕（qiāng）：伤害。

（9）无咎：这里的意思是没有过错。

（10）勿用：不利于。

（11）弋（yì）：射鸟。

（12）彼：这里指代野兽。

（13）离：用作“罗”，意思是网，指捕鸟的网。

既济卦

（水火既济）坎上离下

《既济》：亨小，利贞。初吉终乱。

初九：曳其轮，濡其尾，无咎。

六二：妇丧其茀，勿逐，七日得。

九三：高宗伐鬼方，三年克之，小人勿用。

六四：繻有衣袽，终日戒。

九五：东邻杀牛，不如西邻之禴祭，实受其福。

上六：濡其首，厉。

译文：

既济卦：亨通，有小吉利的占问。开始吉利，结果会出现变故。

初九：拉车渡河，打湿了车尾。没有灾祸。

六二：妇人丢失了头巾，不用去找，七天内会失而复得。

九三：殷高宗武丁讨伐鬼方国，用了三年才取胜。对小人不利。

六四：冬天穿的寒衣破烂不堪，整天心里惊

恐不安。

九五：殷人杀牛祭祀，不如周人春祭，周人确实得到了神的福佑。

上六：过河时打湿了头部，危险。

注释：

（1）“既济”是本卦的标题。“既”的意思是已经，“济”的意思是渡水和成功、成就。“既济”是说事已成功。全卦内容是讲事情成功的道理，与下一卦“未济”构成组卦。标题取“济”的意义。

（2）乱：变故。

（3）茀（fú）：用作“褕”，意思是头巾。

（4）高宗：殷国君武丁，曾与周联手攻打北方强敌鬼方。鬼方：殷周时北方的国名，属于严允部落之一。

（5）繻（rú）：意思是御寒的衣服。袽（rú）：用作“絮”，指破烂的冬衣。

（6）戒：用作“骇”，意思是惊惧不安。

（7）东邻：指殷人。西邻：指周人。禴（yuè）祭古代祭名，指春祭。

未济卦

（火水未济）离上坎下

《未济》：亨。小狐汔济，濡其尾，无攸利。

初六：濡其尾，吝。

九二：曳其轮，贞吉。

六三：未济，征凶。利涉大川。

九四：贞吉，悔亡，震用伐鬼方，三年，有赏于大国。

六五：贞吉，无悔。君子之光，有孚吉。

上九：有孚于饮酒，无咎。濡其首，有孚失是。

译文：

未济卦：亨通。小狐狸将要渡过河，打湿了尾巴。没有什么吉利。

初六：打湿了尾部，倒霉。

九二：拉车渡河，占得吉兆。

六三：渡不了河。出行，凶险。有利于渡过大江大河。

九四：占得吉兆，没有悔恨。周人动员出征，讨伐鬼方，三年取胜，得到大国殷的赏赐。

六五：占得吉兆，没有悔恨。打胜仗，抓俘虏，是君子的荣耀。吉利。

上九：抓到俘虏，饮酒庆功。没有灾祸。打湿了头部，抓到俘虏，砍下他们的头。

注释：

（1）“未济”是本卦的标题。“未济”的意思与“既济”相反，全卦接着申说上一卦的道理，仍以“济”的意思作标题。

（2）汔（qì）：用作“几”，意思是将要。济：渡水。

（3）震：动。

（4）大国：这里指殷。

（5）光：光荣，荣耀。

（6）是：用作“题”，意思是额部，这里代指头部。